交通运输企业安全生产标准化评价实施细则

2018

港口理货仓存企业

安全生产标准化评价实施细则（试行）

本书编写组　编
交通运输部安全委员会办公室　审定

人民交通出版社股份有限公司
China Communications Press Co.,Ltd.

内 容 提 要

本书详细介绍了港口理货仓存企业安全生产标准化评价办法，适合港口理货仓存企业安全生产管理人员学习使用，也可供港口理货仓存企业安全生产标准化评审员学习参考。

图书在版编目(CIP)数据

港口理货仓存企业安全生产标准化评价实施细则：试行/《港口理货仓存企业安全生产标准化评价实施细则：试行》编写组编. —北京：人民交通出版社股份有限公司，2019.4

ISBN 978-7-114-14729-6

Ⅰ.①港… Ⅱ.①港… Ⅲ.①货物运输—港口管理—安全生产—标准化管理—中国 Ⅳ.①U695.2

中国版本图书馆 CIP 数据核字(2019)第 030365 号

Gangkou Lihuo Cangcun Qiye Anquan Shengchan Biaozhunhua Pingjia Shishi Xize (Shixing)

书　　名：港口理货仓存企业安全生产标准化评价实施细则(试行)
著 作 者：本书编写组
责任编辑：刘　博　杨丽改
责任校对：尹　静
责任印制：张　凯
出版发行：人民交通出版社股份有限公司
地　　址：(100011)北京市朝阳区安定门外外馆斜街 3 号
网　　址：http://www.ccpress.com.cn
销售电话：(010)59757973
总 经 销：人民交通出版社股份有限公司发行部
经　　销：各地新华书店
印　　刷：中国电影出版社印刷厂
开　　本：787×1092　1/16
印　　张：10.5
字　　数：179 千
版　　次：2019 年 4 月　第 1 版
印　　次：2019 年 4 月　第 1 次印刷
书　　号：ISBN 978-7-114-14729-6
定　　价：35.00 元

丛书编委会

技术支持

中国船级社

交通运输部水运科学研究院

北京市交通委员会

中交第四公路工程局有限公司

北京中平科学技术院

前　言 QIANYAN

交通运输安全生产是我国安全生产的重要组成部分，与经济社会健康发展和人民群众获得感、幸福感、安全感息息相关。在建设安全便捷、畅通高效、绿色智能现代综合交通运输体系过程中，交通运输行业必须始终牢固树立以人民为中心的发展理念，始终将安全工作放在首位，坚持改革创新，坚持安全发展，进一步增强做好安全工作的责任感、使命感和紧迫感，采取切实有效的工作措施，筑牢安全生产防线，确保交通运输事业发展长治久安。

6年来，交通运输行业积极推进企业安全生产标准化建设，取得了一系列成效：一是明确界定了企业落实安全生产主体责任的内涵和要求，让大家知道安全生产管什么、怎么管、达到什么要求，推动企业安全生产工作逐步规范，事故水平持续下降，显著提升了行业安全生产水平。二是强化了行业管理部门安全监管工作，丰富了安全监管手段，增强了安全监管工作的针对性，为部门实施安全生产分类指导、分级监管提供重要依据。三是为管理部门监督检查工作提供了相关标准和清单，推动实现精细化、清单化监管。

为进一步加强和推进交通运输行业安全生产标准化建设工作，交通运输部2016年7月26日发布了《交通运输企业安全生产标准化建设评价管理办法》（交安监发〔2016〕133号），进一步优化完善了企业安全生产标准化建设工作机制；2018年5月1日起，相继颁布了《交通运输企业安全生产标准化建设基本规范》一系列行业标准，将原考评指标上升为行业规范，有效提升了标准化建设工作的科学性、专业性和指导性。为做好新标准的实施，我们组织标准起草单位和专家编制了系列标准的实施细则和汽车租赁、巡游出租车、港口罐区和港口理货仓储等领域的安全生产标准化建设试行细则。

本书由庄静担任主编，李菁敏、李鹏担任副主编，张以、姚静涛、安玉林、赵颖参与编写。

新编制的《港口理货仓存企业安全生产标准化评价实施细则（试行）》力求科学严谨、精准精细、便于操作，但由于编写安排进度较紧，难免出现一些错误和问题，希望大家积极批评指正，为交通运输企业安全生产标准化建设基本规范和实施细则的优化、完善贡献力量，持续推进行业安全发展，为交通强国建设保驾护航！

编委会

2018 年 11 月

目　录 MULU

第一章　港口理货企业安全生产标准化评价实施细则（试行）

评价类目	评价项目	释义	评价方法	标准分值	评价标准	得分
一、目标与考核（30分）	①企业应结合实际制定安全生产目标。安全生产目标应： a. 符合或严于相关法律法规的要求； b. 形成文件，并得到本企业所有从业人员的贯彻和实施； c. 与企业的职业安全健康风险相适应； d. 具有可考核性，体现企业持续改进的承诺； e. 便于企业员工及相关方获得	安全生产目标是在一定条件下，一定时间内完成安全活动所达到的某一预期目的的指标。安全生产目标的制定应切合企业实际，要求内容明确、具体、量化，有时限性。 安全生产目标应以文件形式正式发布，使全体员工和相关方获知	**查资料：** 1. 安全生产目标； 2. 发布安全生产目标的文件； 3. 贯彻实施安全生产目标的相关资料。 **询问：** 抽查3～5名从业人员是否了解本企业安全生产目标。 **现场检查：** 安全生产目标是否充分公开，便于企业员工及相关方获得	5 ★★★	1. 制定符合要求的安全生产目标； 2. 安全生产目标应正式发布、贯彻和实施； 3. 从业人员应了解安全生产目标； 4. 安全生产目标应充分公开，便于员工及相关方获得	

续上表

评价类目	评价项目	释义	评价方法	标准分值	评价标准	得分
一、目标与考核(30分)	②企业应根据安全生产目标制定可考核的安全生产工作指标,指标应不低于上级下达的目标	安全生产工作指标为量化的安全生产控制指标。对安全生产目标进行量化,使其具体化、更具有针对性,便于企业对安全生产目标的实施情况进行考核和统计。企业制定的安全生产工作指标应符合法律法规要求,不低于上级有关部门下达的安全考核指标	**查资料:** 1. 发布的安全生产工作指标; 2. 上级单位下达的安全生产目标	5	1. 未制定量化、可考核的安全生产工作指标,不得分; 2. 制定的安全生产工作指标低于上级部门下达的安全生产目标,不得分; 3. 制定的安全工作指标不合理、与企业实际情况不符,每处扣1分	
	③企业应制定实现安全生产目标和工作指标的措施	企业明确安全生产目标和安全生产工作指标后,应制定措施保证安全生产目标和安全生产工作指标的实现。措施一般包括:完善安全生产管理机构、明确安全生产责任、资金保障、建立安全生产制度体系、安全教育与培训、设备设施维护、应急训练与演习等,措施应具体、责任明确	**查资料:** 实现安全生产目标和工作指标的具体措施文件	5	1. 未制定实现安全生产目标和工作指标的措施文件,不得分; 2. 制定的实现安全生产目标措施不具体、不可行或责任不明确,每处扣1分	

续上表

评价类目	评价项目	释义	评价方法	标准分值	评价标准	得分
一、目标与考核(30分)	④企业应制定安全生产年度计划和专项活动方案,并严格执行	企业应按照规划要求,逐年推进安全生产工作,针对突出的安全生产问题,通过制定年度计划和年度专项活动方案,进一步细化工作安排,使其更具有针对性和可操作性。 专项方案主要包括指导思想、活动主题、组织机构、工作目标、时间节点与具体内容等	**查资料:** 1. 查安全生产年度计划和专项活动方案; 2. 查安全生产年度计划和专项活动方案执行的相关记录和总结材料等	5	1. 未制定安全生产年度计划,扣3分; 2. 未制定安全生产专项活动方案,扣2分; 3. 执行安全生产年度计划和方案的记录和总结材料不完整,每处扣1分	
	⑤企业应将安全生产工作指标进行细化和分解,制定阶段性的安全生产控制指标,并予以考核	企业应结合实际,按照组织结构及下属单位在安全生产中的职责及风险,将年度安全生产工作指标转化成阶段性安全生产控制指标,并逐级细化分解,落实到每个单位、部门、班组和岗位,通过指标考核,调动全体职工的积极性,从而保证指标的实现	**查资料:** 1. 细化和分解后的安全生产工作指标; 2. 企业制定的阶段性安全生产控制指标; 3. 各项安全生产指标的考核记录	5	1. 未制定细化、分解的安全生产工作指标,扣2分; 2. 安全生产工作指标细化和分解不合理、不符合企业实际或不完善,每处扣1分; 3. 未制定阶段性的安全生产控制指标,扣1分	

续上表

评价类目	评价项目	释义	评价方法	标准分值	评价标准	得分
一、目标与考核(30分)	⑥企业应建立安全生产目标考核与奖惩的相关制度,并定期对安全生产目标完成情况予以考核与奖惩	考核奖惩是提升安全管理最有效方法之一,企业应制定规章制度或管理办法,明确考核奖惩对象、考核时限,考核程序与方法,考核的具体内容,奖惩条件等,应明确考核的责任部门,保证考核和奖惩工作有效实施。 安全生产考核与奖惩应规范、合理,实现奖优罚劣、激励约束。 企业应根据安全生产目标考核与奖惩制度规定,定期对所有部门和岗位安全生产目标完成情况进行考核,并重点考核企业安全生产主要负责人(项目负责人)。定期一般分为月度跟踪、季度分析、半年检查和年度考核,并应奖惩兑现	**查资料:** 1. 安全生产目标考核与奖惩管理制度; 2. 安全生产目标考核记录文件; 3. 安全生产目标考核奖惩兑现记录	5	1. 未制定安全生产目标与奖惩管理制度,扣2分; 2. 制定的安全生产目标与奖惩制度内容不完善,每处扣1分; 3. 安全生产目标未定期进行考核与奖惩的,扣3分;考核奖惩记录不完整,每处扣1分	

续上表

评价类目	评价项目		释　义	评价方法	标准分值	评价标准	得分
二、管理机构和人员(35分)	1. 安全生产管理机构	①企业应建立以企业主要负责人为领导的安全生产委员会(或安全生产领导小组),并应职责明确。应建立健全从安全生产委员会(或安全生产领导小组)至基层班组的安全生产管理网络	安全生产委员会(或安全生产领导小组)是企业安全生产管理的最高决策机构。应由企业安全生产第一责任人、分管领导与有关部门人员组成	**查资料:** 1. 公司成立安全生产委员会,下属各分支机构成立安全生产领导小组的正式文件; 2. 安全生产委员会(或安全生产领导小组)职责; 3. 安全生产管理网络图	10 ★★	1. 未成立安全生产委员会(或领导小组),不得分; 2. 未明确安全生产委员会(或领导小组)职责,扣3分; 3. 未编制安全生产管理网络图,或网络图未覆盖至基层班组,扣2分	
		②企业应按规定设置与企业规模相适应的安全生产管理机构	安全生产管理机构是企业内部设置的对安全生产工作进行综合协调和监督的综合管理部门。 港口普通货物营运企业从业人员超过100人的,应当设置安全生产管理机构或者配备专职安全生产管理人员;从业人员在100人以下的,应当配备专职或者兼职的安全生产管理人员。各省市安全生产有特别规定的,从其规定	**查资料:** 1. 设置安全生产管理机构或者配备专职安全生产管理人员的文件; 2. 设置的安全生产管理机构或配备专职安全生产管理人员应与企业规模相适应; 3. 安全生产管理机构或配备专职安全生产管理人员职责/工作制度等文件	5 ★★★	1. 按规定设置安全生产管理机构或配备专职安全生产管理人员; 2. 设置的安全生产管理机构或配备专职安全生产管理人员应与企业规模相适应; 3. 明确安全生产管理机构或专职安全生产管理人员职责	

续上表

评价类目	评价项目		释义	评价方法	标准分值	评价标准	得分
二、管理机构和人员(35分)	1.安全生产管理机构	③企业应定期召开安全生产委员会或安全生产领导小组会议。安全生产管理机构或下属分支机构每月至少召开一次安全工作例会	安全生产委员会会议每季度至少召开一次,研究解决安全生产中的重大问题,安排阶段性安全生产工作。 安全工作例会每月至少召开一次,主要落实安全生产委员会会议决定,总结上一阶段安全生产工作完成情况,传达上级对安全生产的指令、文件,对安全工作进行部署,制定安全生产措施等。各分支机构和部门应汇报安全生产情况和存在的问题	**查资料:** 1. 安全工作例会制度; 2. 安全生产委员会会议资料,包括会议通知、会议签到表、会议记录、会议纪要等; 3. 安全工作例会资料,包括会议通知,会议签到表、会议记录等	5 AR	1. 未制定安全例会制度,扣3分; 2. 安全会议制度不完善、内容不全面,每处扣0.5分; 3. 无安全会议记录、会议纪要、签到表等,每处扣0.5分	

续上表

评价类目	评价项目		释义	评价方法	标准分值	评价标准	得分
二、管理机构和人员(35分)	2.安全管理人员	①企业应按规定配备专(兼)职安全生产和应急管理人员	安全生产管理人员是指生产经营单位中从事安全生产管理工作的专职或兼职人员	**查资料:** 1.任命专(兼)职安全管理人员和应急管理人员的文件; 2.行业或地方法规对安全生产管理人员/应急管理人员配备要求的文件	10 ★★★	1.配备专(兼)职安全管理人员和应急管理人员; 2.安全生产管理人员和应急管理人员的配备应满足行业或地方法规要求	
		②企业的主要负责人和安全生产管理人员应具备与本企业所从事的生产经营活动相适应的安全生产和职业卫生知识与能力,并保持安全生产管理人员的相对稳定	企业主要负责人和安全生产管理人员必须具备与本企业所从事的生产经营活动相适应的安全生产和职业卫生知识与能力,同时具有领导安全生产管理工作和处理安全生产事故的能力	**查资料:** 1.企业主要负责人和安全生产管理人员岗位任职能力要求; 2.安全管理岗位能力评价、培训及考核记录; 3.安全生产管理人员劳动合同	5	1.未制定企业主要负责人和安全生产管理人员岗位任职能力要求,扣3分; 2.安全管理岗位能力评价、培训、考核,记录不完整,每处扣1分; 3.安全生产管理人员劳动合同期限未满足一年期以上的,每人次扣2分	

续上表

评价类目	评价项目		释义	评价方法	标准分值	评价标准	得分
三、安全责任体系(40分)	1. 健全责任制	①企业应建立安全生产责任制,明确安全生产委员会(或安全生产领导小组)、安全生产管理机构、各职能部门、生产基层单位的安全生产职责,层层签订安全生产责任书,并落实到位	《中华人民共和国安全生产法》第四条规定:生产经营单位必须遵守本法和其他有关安全生产的法律、法规,加强安全生产管理,建立、健全安全生产责任制和安全生产规章制度,改善安全生产条件,推进安全生产标准化建设,提高安全生产水平,确保安全生产。 安全生产责任制是企业安全生产的核心,是安全生产管理的源头。安全生产责任制应明确规定企业领导层、管理人员及所有从业人员、各管理部门、各级单位、岗位对安全生产应负的责任、权利和义务。企业的安全生产责任制应覆盖企业的所有方面,通过文件或有关规定发布,层层签订安全生产责任书,明确全体人员的安全生产责任	**查资料:** 1. 企业组织机构、各部门、岗位职责文件; 2. 安全生产委员会任命及职责规定文件; 3. 抽查安全生产管理机构、主要职能部门、基层单位、重要岗位安全生产责任书。 **询问:** 抽查重要安全生产管理人员、岗位员工是否清楚各自安全生产职责,了解责任书签订情况	10 AR	1. 未制定部门安全生产职责,不得分;缺少1个部门安全生产职责,扣3分; 2. 未层层签订安全生产责任书,不得分;每缺1份扣1分; 3. 员工不清楚自身安全职责,每人次扣1分	

续上表

评价类目	评价项目		释　义	评价方法	标准分值	评价标准	得分
三、安全责任体系(40分)	1.健全责任制	②企业主要负责人或实际控制人是本企业安全生产第一责任人,对本企业安全生产工作全面负责,负全面组织领导、管理责任和法律责任,并履行安全生产的责任和义务	企业主要负责人为企业的主要领导者,对企业的生产经营活动全面负责,《中华人民共和国安全生产法》规定:生产经营单位的主要负责人对本单位的安全生产工作全面负责。 企业应建立健全"党政同责、一岗双责、齐抓共管"的安全生产责任体系,总经理、党总支书记同为安全生产第一责任人,对安全生产工作共同负责。 生产经营单位的主要负责人对本单位安全生产工作负有下列职责: (一)建立、健全本单位安全生产责任制;	**查资料:** 1. 企业营业执照、经营资质等材料,确定企业安全生产第一责任人; 2. 安全生产责任制。 **询问:** 企业安全生产第一责任人是否清楚应承担的安全生产责任	5 ★★★	1. 安全生产第一责任人职责应符合法律法规要求; 2. 安全生产第一责任人应熟知其安全责任	

续上表

评价类目	评价项目		释义	评价方法	标准分值	评价标准	得分
三、安全责任体系(40分)	1.健全责任制		(二)组织制定本单位安全生产规章制度和操作规程; (三)保证本单位安全生产投入的有效实施; (四)督促、检查本单位的安全生产工作,及时消除生产安全事故隐患; (五)组织制定并实施本单位的生产安全事故应急救援预案; (六)及时、如实报告生产安全事故; (七)组织制定并实施本单位安全生产教育和培训计划; (八)各省市安全生产职责有特别规定的,从其规定				

续上表

评价类目	评价项目		释义	评价方法	标准分值	评价标准	得分
三、安全责任体系(40分)	1. 健全责任制	③分管安全生产的企业负责人是安全生产的重要负责人,应协助企业安全生产第一责任人落实各项安全生产法律法规、标准,统筹协调和综合管理企业的安全生产工作,对本企业安全生产负重要管理责任	分管安全生产的负责人由企业任命或指派,协助主要负责人落实各项安全生产法律法规、标准规范等要求,统筹协调和综合管理企业的安全生产工作,对企业安全生产工作负综合管理领导责任	**查资料:** 查企业安全生产分管负责人的任命或职责分工文件。 **询问:** 1. 企业分管安全生产的负责人应承担的职责及履职情况; 2. 跟踪检查相关履职证据	5	1. 未明确分管企业安全生产的负责人,不得分;相关职责规定不充分、不明确,扣2分; 2. 分管企业安全生产的负责人不清楚职责,不得分;未履行职责,每处扣2分;履职证据不充分,每处扣1分	
		④其他负责人及员工实行"一岗双责",对业务范围内的安全生产工作负责	企业实行安全生产"一岗双责",指不仅要对所在岗位承担的具体业务工作负责,还要对所在岗位相应的安全生产负责。其他负责人和员工既负责分管范围的业务工作,又同时负责分管范围内的安全生产工作	**查资料:** 企业岗位职责和安全生产责任制。 **询问:** 抽查3~5名管理、现场操作等岗位人员,询问其各自岗位职责和安全生产职责	10	1. 未明确各岗位职责和安全生产职责的,不得分; 2. 各部门或岗位职责不清的,每处扣1分; 3. 管理、现场操作人员,不熟悉一岗双责的主要内容,每人次扣2分	

续上表

评价类目	评价项目		释义	评价方法	标准分值	评价标准	得分
三、安全责任体系(40分)	2.责任制考评	企业应根据安全生产责任进行定期考核和奖惩,并公布考评结果和奖惩情况	企业应建立安全责任考核机制,制定安全生产责任考核制度,建立以岗位安全绩效考核为重点,以落实岗位安全责任为主线,以杜绝岗位安全责任事故为目标的全员安全生产责任考核体系。加大安全生产责任在员工绩效工资、晋级、评先评优等考核中的权重,重大责任事项实行"一票否决"。对各级管理部门、管理人员及从业人员安全职责的履行情况进行定期考核和奖惩	**查资料:** 1. 安全生产责任定期考核和奖惩制度; 2. 安全生产目标考核记录; 3. 安全生产目标考核奖惩兑现记录	10 AR	1. 未建立安全生产责任定期考核和奖惩制度,扣3分; 2. 未开展安全责任制考核,不得分;考核不合理、不全面等,每处扣0.5分; 3. 未依据安全生产目标考核结果进行奖惩,扣5分; 4. 未公布安全生产目标考核结果和奖惩情况,扣3分	

续上表

评价类目	评价项目		释义	评价方法	标准分值	评价标准	得分
四、资质、法律法规与安全生产管理制度(60分)	1.资质	企业的《企业法人营业执照》资质证书应合法有效,经营范围应符合要求	企业应按照《中华人民共和国公司登记管理条例》管辖规定开展工商登记;各类资质证书中的名称、法人等应一致,资质证书应处于有效期内。 企业应在核准的工商登记和资质许可范围开展合法的经营活动。理货业务经营人不得兼营港口货物装卸经营业务和仓储经营业务	**查资料:** 1.营业执照; 2.港口经营许可证; 3.其他资质证明原件。 **现场检查:** 复核实际经营范围	5 ★★★	1.具有合法有效的营业执照、港口经营许可证及其他法律法规规定的其他资质许可证明; 2.在核准的经营许可范围内开展经营活动; 3.理货业务经营人不得兼营港口货物装卸经营业务和仓储经营业务	

续上表

评价类目	评价项目		释义	评价方法	标准分值	评价标准	得分
四、资质、法律法规与安全生产管理制度(60分)	2. 法律法规及标准规范	①企业应制定及时识别、获取适用的安全生产法律法规、规范标准及其他要求的管理制度,明确责任部门,建立清单和文本(或电子)档案,并定期发布	企业应及时识别和获取本企业适用的安全生产法律法规、标准规范,并跟踪、掌握相关法律法规、标准规范的修订情况	**查资料:** 1. 及时识别、获取安全生产法律法规、标准规范的管理制度; 2. 适用的法律法规、标准及其他要求的清单、文本或电子文档、数据库等; 3. 定期更新发布的记录	5	1. 未制定识别和获取适用的安全生产法律法规、标准规范及其他要求的管理制度的,扣2分;未明确识别和获取法规的责任部门、获取渠道、更新管控要求等,每缺一项扣1分; 2. 无法律法规清单、相关文本、电子文档的,扣3分;存在过期、失效、遗漏、不适用的,每处扣0.5分; 3. 未及时更新发布新修订的安全生产法规的,扣2分	
		②企业应及时对从业人员进行适用的安全生产法律法规、规范标准宣贯,并根据法规标准和相关要求及时制定(修订)本企业安全生产管理制度	企业应及时对从业人员进行适用的安全生产法律法规、规范标准的宣贯,将安全生产法律法规、标准规范及相关要求及时转化为本单位规章制度,并贯彻到各项工作中	**查资料:** 1. 安全生产法规培训或宣贯记录; 2. 安全生产管理制度及制定(修订)记录	5	1. 未开展安全生产法律法规的培训或宣贯,不得分; 2. 安全生产制度未体现适用的法规要求、未及时修订等,每处扣1分	

续上表

评价类目	评价项目		释义	评价方法	标准分值	评价标准	得分
四、资质、法律法规与安全生产管理制度(60分)	3.安全管理制度	①企业应制定安全生产与职业卫生管理制度	企业是安全生产的责任主体,建立健全安全管理制度是企业的法定责任,是规范从业人员的生产作业行为,保证生产经营活动安全、顺利进行的重要手段。《中华人民共和国安全生产法》规定:企业应制定健全的安全生产管理制度,规范从业人员的安全行为,并将制度发放到有关的工作岗位	**查资料:** 1.安全生产与职业卫生管理制度至少应包括: ①安全生产责任制; ②安全例会制度; ③文件和档案管理制度; ④安全生产费用提取和使用管理制度; ⑤设施、设备、货物安全管理制度; ⑥安全生产培训和教育学习制度; ⑦安全生产监督检查制度; ⑧事故统计报告制度; ⑨安全生产奖惩制度;准记录。 2.管理制度编制、审核、批准记录	5	1.安全生产与职业卫生管理制度每缺一项,扣2分(其他评价内容中已有的不重复扣分;名称不要求一样,但内容应涵盖); 2.安全生产管理制度内容不完善、未明确责任部门、职责、工作要求等内容的,每项扣1分; 3.安全生产管理制度的编制、审核、批准记录不完整,每处扣1分	

续上表

评价类目	评价项目		释义	评价方法	标准分值	评价标准	得分
四、资质、法律法规与安全生产管理制度(60分)	3.安全管理制度	②企业制定的安全生产管理制度应符合国家现行的法律法规的要求	安全生产管理制度是企业依据国家有关法律法规、标准规范,结合安全生产工作实际,以企业名义起草颁发的有关安全生产的规范性文件,企业制定的安全生产管理制度应符合国家现行的法律法规的要求	**查资料:** 安全生产管理制度与相应法律法规、标准规范的符合性	5	安全生产规章制度不符合法律法规、标准规范要求,每处扣1分	
		③企业应组织从业人员进行安全生产管理制度的学习和培训	企业应组织从业人员进行安全生产管理制度的学习、培训,使其了解相关要求	**查资料:** 安全生产管理制度培训、宣贯记录	5	1. 未组织开展安全生产管理制度的学习、培训,不得分; 2. 培训、宣贯内容每缺一项与岗位相关的安全生产管理制度培训,扣1分	

续上表

评价类目	评价项目		释义	评价方法	标准分值	评价标准	得分
四、资质、法律法规与安全生产管理制度(60分)	4.操作规程	①企业应制定各岗位操作规程,操作规程应满足国家和行业相关标准规范的要求	安全操作规程是指在生产活动中,为消除能导致人身伤亡或造成设备、财产损失以及危害环境的因素而制定的具体技术要求和实施程序。 企业应根据生产特点,组织制定岗位安全操作规程,发放到相关岗位,保证其有效实施。操作规程中应明确:操作前检查及准备工作的程序和方法;操作中严格禁止的行为;必需的操作步骤和方法;操作注意事项;正确使用劳动防护用品的要求;出现异常情况时的应急措施	**查资料:** 岗位安全生产操作规程	5 ★★★	1. 制定岗位操作规程; 2. 操作规程应满足国家和行业相关标准规范的要求; 3. 操作规程与企业实际操作要求一致; 4. 操作规程应包含安全作业要求	

续上表

评价类目	评价项目		释义	评价方法	标准分值	评价标准	得分
四、资质、法律法规与安全生产管理制度(60分)	4.操作规程	②企业应在新技术、新材料、新工艺、新设备设施投产或投用前,组织编制相应的操作规程,保证其适用性	生产经营单位采用新工艺、新技术、新材料或者使用新设备,必须掌握其安全技术特性,采取有效的安全防护措施,根据实际状况编制相应的操作规程,并保证其适用性	**查资料:** 与新工艺、新技术、新材料或者使用新设备相关的操作规程。 **询问:** 生产岗位人员对与新技术、新材料、新工艺、新设备设施有关的操作规程的掌握情况	5	1. 未在新工艺、新技术、新材料、新设备投用前,编制适用的操作规程,每缺一个扣2分; 2. 操作规程与生产实际不符、不适用,每处扣1分; 3. 操作规程未包含安全作业要求,每处扣1分	
		③企业应及时将操作规程发放到相关岗位,组织对从业人员进行操作规程的培训	应将纸质版安全操作规程发放到岗位人员,宜将规程的主要内容制成目视化看板、展板等,放置在作业现场,并组织进行岗位安全操作规程的教育培训。新员工、转复岗人员应进行岗位安全操作规程培训后方可上岗,其他人员应定期进行安全操作规程培训,以确保每名岗位作业人员熟知并遵守安全操作规程	**查资料:** 岗位安全操作规程教育培训记录。 **现场检查:** 抽查关键生产岗位是否配备了相应的岗位操作规程。 **询问:** 现场抽查生产岗位操作人员是否熟知本岗位操作规程	5	1. 操作规程未开展岗位操作培训,每人次扣1分; 2. 生产岗位未配备相应的岗位操作规程,每处扣1分; 3. 岗位操作人员不熟悉岗位操作规程,每人次扣2分	

续上表

评价类目	评价项目		释　义	评价方法	标准分值	评价标准	得分
四、资质、法律法规与安全生产管理制度（60分）	5. 修订	企业应定期对安全管理制度和操作规程进行评审，并根据评审结论及时进行修订，确保其有效性、适应性和符合性。在发生以下情况时，应及时对相关的管理制度或操作规程进行评审、修订： a. 国家相关法律、法规、规程、标准废止、修订或新颁布； b. 企业归属、体制、规模发生重大变化；	任何制度都要经历一个从建立到不断完善的过程，任何制度的内容和形式都需要根据企业经营发展的变化而不断更新，及时修订企业规章制度有助于规范管理，是企业各项工作正常有效开展的基础，是企业健康有序发展的有力保障，是提高工作效率和工作质量、降低业务运作风险的重要管理手段。对制度的有效性、适应性、符合性进行不断的评审与更新，是企业不可忽视的工作。 企业应根据政策法规、内外部环境的变化，及时修订相关安全生产管理制度及操作规程，并应定期进行评审、修订。	**查资料：** 1. 安全生产管理制度和操作规程评审和修订规定； 2. 评审修订记录； 3. 修订后培训记录。 **现场检查：** 抽查岗位是否使用最新有效版本的安全生产管理制度和操作规程	5	1. 未明确安全生产管理制度和操作规程评审和修订要求的，扣2分； 2. 未定期或及时评审、修订安全生产管理制度或操作规程，不得分； 3. 企业内外部环境发生变化时，未组织评审安全生产管理制度、操作规程，扣3分； 4. 安全生产管理制度、操作规程无评审记录，扣2分；评审记录不完整，每处扣1分； 5. 修订安全生产管理制度和操作规程未发放至相关岗位，每处扣1分	

续上表

评价类目	评价项目		释义	评价方法	标准分值	评价标准	得分
四、资质、法律法规与安全生产管理制度(60分)	5.修订	c.生产设施新建、改建、扩建规模、作业环境已发生重大改变; d.设备设施发生变更; e.作业工艺、危险有害特性发生变化; f.政府相关行政部门提出整改意见; g.安全评价、风险评估、体系认证、分析事故原因、安全检查发现涉及规章制度、操作规程的问题; h.其他相关事项	企业应及时组织相关人员培训学习修订后的安全生产管理制度和操作规程,保证使用最新有效版本的安全生产管理制度和操作规程				

续上表

评价类目	评价项目		释义	评价方法	标准分值	评价标准	得分
四、资质、法律法规与安全生产管理制度(60分)	6.制度执行及档案管理	①企业每年至少一次对安全生产法律法规、标准规范、规章制度、操作规程的执行情况进行检查	企业每年至少一次组织对安全生产法律法规、标准规范、规章制度、操作规程的执行情况进行检查	**查资料:** 1. 对适用的安全生产法律、法规、标准、规章制度、操作规程的执行情况进行检查或评价的记录、报告等; 2. 对检查评价出的不符合项进行原因分析,制定相应纠正措施并组织实施的记录或证据资料	5	1. 未开展法律法规、标准规范、规章制度、操作规程的执行情况检查或评价的,不得分;检查内容不齐全、不完整的,每处扣1分; 2. 对检查或评价出的不符合项未进行原因分析,每处扣1分; 3. 对不符合项未制定纠正措施,或纠正措施未落实,每处扣1分	
		②企业应建立和完善各类台账和档案,并按要求及时报送有关资料和信息	企业应建立主要安全生产过程、检查的安全记录档案,并加强对安全记录的有效管理	**查资料:** 1. 安全生产过程的各类记录、台账和档案等; 2. 按要求报送的有关信息和资料	5 AR	1. 未按照法律法规要求建立安全生产各类记录台账和档案的,每处扣0.5分; 2. 安全生产各类记录台账和档案等保存不完整,每处扣0.5分; 3. 未及时报送有关资料和信息,每处扣0.5分	

续上表

评价类目	评价项目		释　义	评价方法	标准分值	评价标准	得分
五、安全投入(40分)	1.资金投入	①企业应按规定足额提取(列支)安全生产费用	根据《中华人民共和国安全生产法》第二十条规定:生产经营单位应当具备的安全生产条件所必需的资金投入,由生产经营单位的决策机构、主要负责人或者个人经营的投资人予以保证,并对由于安全生产所必需的资金投入不足导致的后果承担责任。生产经营单位应当按照《企业安全生产费用提取和使用管理办法》和所在地安全生产规定提取和使用安全生产费用,专门用于改善安全生产条件。安全生产费用在成本中据实列支	**查资料:** 1. 安全生产费用管理制度; 2. 财务安全费用提取列支记录	10 ★★	1. 未制定安全生产费用管理制度,扣5分;制度中未包含职责、提取比例、使用范围、过程管理、监督检查等内容,每处扣2分; 2. 安全生产费用提取比例不符合规定要求,不得分; 3. 无财务专项科目或安全生产费用归类统计的,不得分	
		②安全生产经费应专款专用,按规定的安全生产费用使用范围合理使用,企业应保证安全生产投入的有效实施	《企业安全生产费用提取和使用管理办法》规定:企业提取的安全费用应当专户核算,按规定范围安排使用,不得挤占、挪用。年度结余资金结转下年度使用,当年计提安全费用不足的,超出部分按正常成本费用渠道列支	**查资料:** 1. 安全生产费用台账; 2. 安全生产费用使用原始票据。 **询问:** 安全管理部门和财务部门人员安全生产费用使用情况	10	1. 未明确责任部门或专人负责安全生产费用管理的,扣2分; 2. 无安全生产费用使用原始票据的,不得分; 3. 未按规定范围使用安全生产费用(超范围使用或挪用),每处扣2分	

续上表

评价类目	评价项目		释　义	评价方法	标准分值	评价标准	得分
五、安全投入(40分)	1.资金投入	③企业应及时投入满足安全生产条件的所需资金	根据《中华人民共和国安全生产法》第二十条规定：生产经营单位应当具备的安全生产条件所必需的资金投入，由生产经营单位的决策机构、主要负责人或者个人经营的投资人予以保证，并对由于安全生产所必需的资金投入不足导致的后果承担责任。 《企业安全生产费用提取和使用管理办法》第二十六条规定：在本办法规定的使用范围内，企业应当将安全费用优先用于满足安全生产监督管理部门、煤矿安全监察机构以及行业主管部门对企业安全生产提出的整改措施或者达到安全生产标准所需的支出。 《企业安全生产费用提取和使用管理办法》第三十二条规定：企业应当加强安全费用管理，编制年度安全费用提取和使用计划，纳入企业财务预算	**查资料：** 1. 安全生产费用使用计划； 2. 安全生产费用台账。 **询问：** 1. 安全生产管理部门安全生产费用投入使用情况； 2. 生产管理部门安全生产费用投入使用情况。 **现场检查：** 1. 国家法律法规、标准规范要求的安全防护设备设施、劳动防护用品、人员设置、应急等配备及投入情况； 2. 是否存在因安全生产投入不足导致未能按期整改的隐患	10 AR	1. 未制定安全生产费用使用计划，扣1分； 2. 安全生产费用使用计划内容缺失的，每缺一项扣0.5分； 3. 现场存在因安全生产投入不足导致未能按期整改的隐患，每处扣0.5分； 4. 未按照法律法规、标准规范要求和监管部门提出的安全措施进行投入的，每处扣0.5分	

续上表

评价类目	评价项目		释义	评价方法	标准分值	评价标准	得分
五、安全投入(40分)	2.费用管理	①企业应建立安全生产费用台账	《企业安全生产费用提取和使用管理办法》第三十六条规定:企业未按本办法提取和使用安全费用的,安全生产监督管理部门、煤矿安全监察机构和行业主管部门会同财政部门责令其限期改正,并依照相关法律法规进行处理、处罚。 为有效地管理安全生产专项经费的使用,保证专款专用,企业应建立安全费用使用台账,一方面便于管理部门的监督管理,另一方面有利于安全生产投入的统计分析,为以后该项费用的提取及管理使用提供参考依据,更有效地改善安全生产条件	**查资料:** 1. 安全生产费用台账; 2. 财务支出证明或相关证明材料	5	1. 未建立安全生产费用管理台账,不得分; 2. 安全生产费用提取和使用台账、使用凭证不一致的,每处扣1分; 3. 财务系统或报表中未完整体现安全生产费用提取、使用、结余等归类统计管理的,扣2分	

续上表

评价类目	评价项目		释义	评价方法	标准分值	评价标准	得分
五、安全投入(40分)	2.费用管理	②企业应跟踪、监督安全生产费用使用情况。企业安全生产费用应按照“企业提取、政府监管、确保需要、规范使用”的原则进行管理,安全生产费用应按照以下范围使用: a.完善、改造和维护安全防护设施设备支出(不含“三同时”要求初期投入的安全设施),包括交通运输设施设备和装卸工具安全状况检测及维护系统、运输设施设备和装卸工具附属安全设备等支出; b.配备、维护应急救援器材、设备支出和应急演练支出;	《企业安全生产费用提取和使用管理办法》第三十五条规定:各级财政部门、安全生产监督管理部门、煤矿安全监察机构和有关行业主管部门依法对企业安全费用提取、使用和管理进行监督检查。 企业应依据使用范围定期对安全生产费用使用情况进行监督检查,确保专款专用	**查资料:** 安全生产费用使用情况的监督检查记录	5	1.未定期对安全生产费用使用情况进行监督检查的,扣2分; 2.无安全生产费用监督检查记录,扣2分; 3.监督检查中发现问题未采取有效整改措施的,每处扣1分	

续上表

评价类目	评价项目		释　义	评价方法	标准分值	评价标准	得分
五、安全投入(40分)	2.费用管理	c.开展重大危险源和事故隐患评估、监控和整改支出; d.安全生产检查、评价(不包括新建、改建、扩建项目安全评价)、咨询和标准化建设支出; e.配备和更新现场作业人员安全防护用品支出; f.安全生产宣传、教育、培训支出; g.安全生产适用的新技术、新标准、新工艺、新装备的推广应用支出; h.安全设施及特种设备检测检验支出; i.其他与安全生产直接相关的支出					

续上表

评价类目	评价项目		释　　义	评价方法	标准分值	评价标准	得分
六、装备设施(130分)	1.设施设备	①具备满足安全生产需要的场所和设施设备,并符合相关安全规范和技术要求	《港口经营管理规定》第八条规定:从事港口理货企业,应有固定的办公场所和经营设施	**现场检查:** 1.固定的经营场所和设施设备; 2.办公用房的所有权或者使用权证明	10 ★★★	1.有固定的办公场所和经营设施,自有场所应提供所有权证明; 2.外租建筑、场地时,提供与出租方签订的有效期内的租赁合同等使用权证明; 3.新建、变更或改造港区内建(构)筑物,按规定履行审批或备案手续; 4.有办公场所平面布置图; 5.办公场所和经营设施设备应符合相应安全规范和技术要求	

续上表

评价类目	评价项目		释义	评价方法	标准分值	评价标准	得分
六、装备设施(130分)	1.设施设备	②按国家有关规定配足有效的安全防护、救生设备及器材	本条款中所称“配足”是指企业应配备与经营规模、范围及经营管理形式相适应的安全防护、救生等设施、设备及器材;“有效”是指应确保设施、设备及器材处于完好状态,确保一旦发生突发事件或事故,能快速有效地应对和处置	**查资料:** 安全防护、救生设备及器材清单。 **现场检查:** 安全防护、救生设备及器材	10 AR	1. 未建立安全防护、救生设备及器材清单,扣1分; 2. 安全防护、救生设备及器材配备数量不符合规定,每处扣1分; 3. 现场安全防护、救生设备及器材配备与清单不一致,每处扣1分; 4. 安全防护、救生设备及器材不符合规范要求,每处扣1分	

续上表

评价类目	评价项目		释义	评价方法	标准分值	评价标准	得分
六、装备设施(130分)	1.设施设备	③设有覆盖安全重点部位的视频监控设备,并保持实时监控	“重点部位”是指易发安全生产事故的场所,主要有码头与外界相通的出入口,进出码头、库房的主要交通要道、发船位,码头装卸作业现场等港口经营活动频繁地点。 视频监控由摄像、传输、控制、显示、记录登记五部分组成,是安全防范系统的重要组成部分,理货作业通常在码头进行,作为人员密集场所和物流货运信息集散中心,加强码头、站场、进出通道等重点场所的动态管理十分必要。 “实时监控”是指视频监控系统能正常运转,对生产经营活动进行不间断监控,发现情况及时通报处理	**查资料:** 1.视频监控设备清单、布置图; 2.视频监控记录。 **现场检查:** 安全重点部位视频监控设备	5	1.重点区域、主要通道等安全重点部位未设置视频监控系统,不得分; 2.无视频监控设备清单、布置图,不得分;清单、布置图与实际不一致,每处扣1分; 3.视频监控系统故障、模糊不清或无法使用、监控范围覆盖不完整,每处扣1分; 4.视频监控设备不能保持实时监控,扣2分	

续上表

评价类目	评价项目		释义	评价方法	标准分值	评价标准	得分
六、装备设施(130分)	1.设施设备	④按规定设置设施设备安全警告标志、指示牌	《中华人民共和国安全生产法》第三十二条规定:生产经营单位应当在有较大危险因素的生产经营场所和有关设施、设备上,设置明显的安全警示标志。 设备本体设置的急停开关或紧急停车装置应有明确标识,确保在紧急情况下,能快速停机,防止事故产生或扩大。 应按规定设置设施设备警告标志,必要时还应制作安全指示牌,进行危险提示、指示和警示。 《安全标志及其使用导则》(GB 2894—2008)规定:安全标志牌至少每半年检查一次,如发现有破损、变形、褪色等不符合要求时,应及时修整或更换	**现场检查:** 设施设备安全警告标志、指示牌	10	1. 设施设备安全警告标志、指示牌不符合标准规范要求,每处扣2分; 2. 设施设备安全警告标志、指示牌设置位置不当或被遮挡、破损、变形、褪色、缺少等,每处扣2分; 3. 未至少每半年对设施设备安全警示标志、指示牌进行检查并保留记录,每处扣2分	

续上表

评价类目	评价项目		释义	评价方法	标准分值	评价标准	得分
六、装备设施(130分)	2.设施设备管理	①库房内设置办公室、休息室须经批准并符合相关规定	办公室、休息室不应设置在甲、乙类厂房内,当必须与本厂房贴邻建造时,其耐火等级不应低于二级,并应采用耐火极限不低于3.00h的不燃烧体防爆墙隔开和设置独立的安全出口。 其他库房必须设办公室时,应经消防监督机构批准,可以贴临库房一角设置无孔洞的一、二级耐火等级的建筑,其门窗应直通库外	**查资料:** 除甲、乙类库房外,其他库房内设办公室、休息室时,经消防监督机构批准的资料。 **现场检查:** 办公室、休息室	10 ★★★	1. 甲、乙类货物库房内不得设置办公室、休息室; 2. 其他库房必须设办公室、休息室时,经消防监督机构批准,可在临库房一角设置无孔洞的一、二级耐火等级的建筑,其门窗应直通库外	
		②建(构)筑物使用符合消防安全管理规定	《建设工程消防监督管理规定》第二十四条规定:对本规定第十三条(人员密集场所)、第十四条(特殊工程)规定以外的建设工程,建设单位应当在取得施工许可、工程竣工验收合格之日起七日内,通过省级公安机关消防机构网站进行消防设计、竣工验收消防备案,或者到公安机关消防机构业务受理场所进行消防设计、竣工验收消防备案	**查资料:** 消防设计、竣工验收消防备案资料。 **现场检查:** 建(构)筑物	5	1. 无消防设计、竣工验收、消防备案资料,不得分; 2. 建(构)筑物的使用不符合规范要求,每处扣2分; 3. 未按照核定功能使用和维护港口经营设施的,每处扣2分	

续上表

评价类目	评价项目		释义	评价方法	标准分值	评价标准	得分
六、装备设施(130分)	2.设施设备管理	③理货工作设备、车辆、通信报警设备等符合相关安全规范和技术要求	企业应对理货工作设备、车辆、通信报警设备的选型、安装、使用、维护、检修、报废等过程进行有效控制和管理	**查资料:** 理货工作设备、车辆、通信报警设备清单。 **现场检查:** 理货工作设备、车辆、通信报警设备	10 AR	1.未建立理货工作设备、车辆、通信报警设备清单,不得分;清单与实际不一致,每处扣1分; 2.理货工作设备、车辆、通信报警设备等不符合规范要求,每处扣1分	
		④按规定对安全设施设备、检测设备和计量设备进行定期检验,检验证书合法有效	需定期检验的安全设施设备、检测设备和计量设备,应由专业机构定期检验。企业应列明需检验检测的设施设备、检验周期、本次检验日期、结论、下次检验日期,应备齐设施设备检验证书和载明设施设备的固定资产表备查	**查资料:** 安全设施设备、检验检测设备和计量设备定期检验记录。 **现场检查:** 安全设施设备、检测设备和计量设备	10 AR	1.安全设施设备、检验检测设备和计量设备未定期检验,不得分; 2.未加贴检验合格标识,每处扣1分	

续上表

评价类目	评价项目		释　义	评价方法	标准分值	评价标准	得分
六、装备设施(130 分)	2.设施设备管理	⑤按规定定期对建筑、设施设备进行维护，设备技术状况良好	为保证建筑、设备设施连续安全有效运行，应对设备设施实施有效管理，组织开展计划性维护、预防性检修，避免设备设施故障。具体包括： 1.建立设施、设备台账，落实专人维护，明确管理责任； 2.设施设备检维修前应制定检测维修计划或方案，实施事前技术管控，并在实施时进行现场监督； 3.安全设施设备不得随意拆除、挪用或弃置不用，确因检测维修拆除的，应采取临时安全措施，检测维修完毕后应立即恢复	**查资料：** 1.建筑、设施设备年度检测维修计划； 2.日常检查(点检/巡检)记录； 3.设备设施维护记录； 4.故障处理记录。 **现场检查：** 设备设施。 **现场询问：** 检维修人员	15	1.未制定设施设备年度检测维修计划，不得分；计划缺乏可操作性，每处扣2分； 2.未明确专人负责，扣5分；未按计划实施检测维修，每处扣2分； 3.未保留检测维修记录，扣5分；记录不完整，每处扣1分； 4.专项检测维修前未制定方案或控制措施，扣10分；方案内容不完整、未明确验收标准，每处扣2分； 5.未进行日常检查及维护，扣10分；未保留记录，扣5分；记录不完整，每处扣1分；	

续上表

评价类目	评价项目		释义	评价方法	标准分值	评价标准	得分
六、装备设施(130分)	2. 设施设备管理					6. 未及时处理设备故障或异常情况,扣5分;记录不完整,每处扣1分; 7. 检测维修前未进行安全技术交底,扣5分;交底内容不全或缺乏针对性,扣1分; 8. 随机询问检维修人员,不熟悉检测维修方案、安全控制措施,每人次扣1分; 9. 现场检查设施设备运行情况,有损坏或失效的设施设备仍在使用的,每处扣2分	

续上表

评价类目	评价项目		释义	评价方法	标准分值	评价标准	得分
六、装备设施(130分)	2.设施设备管理	⑥指定专人对特种设备、检测监测、计量设备进行管理	企业应根据特种设备、检测监测、计量设备配备情况,设置专、兼职管理人员,负责特种设备、检测监测、计量设备管理。 特种设备管理人员应取得特种设备管理证书	**查资料:** 1. 特种设备、检测监测、计量设备清单; 2. 特种设备使用登记、改造、移装、变更、停用、报废及注销资料。 **现场检查:** 特种设备、检测监测、计量设备	15	1. 未提供特种设备、检测监测、计量设备清单,不得分,清单与实际不符的,每处扣2分; 2. 未提供特种设备使用登记、改造、移装、变更、停用、报废及注销资料,不得分; 3. 未指定专人负责管理的,不得分; 4. 现场查看,特种设备、检测监测、计量设备不完好,每处扣2分; 5. 已报废的特种设备、检测监测、计量设备仍在现场使用,不得分;应报废未报废,未及时办理注销手续,每台套扣5分	

续上表

评价类目	评价项目		释　　义	评价方法	标准分值	评价标准	得分
六、装备设施(130分)	2. 设施设备管理	⑦建立并规范设备管理档案	企业应建立设备档案和特种设备安全技术档案，特种设备安全技术档案包括： ①特种设备的设计文件、产品质量合格证明、安装及使用维护说明、监督检验证明等相关技术资料和文件； ②特种设备的定期检验和定期自行检查记录； ③特种设备的日常使用状况记录； ④特种设备及其附属仪器仪表的维护记录； ⑤特种设备的运行故障和事故记录。	**查资料：** 1. 设备档案； 2. 特种设备安全技术档案	10	1. 无设备档案、特种设备安全技术档案，不得分； 2. 设备档案、特种设备安全技术档案内容不完整，每处扣2分	

续上表

评价类目	评价项目		释　　义	评价方法	标准分值	评价标准	得分
六、装备设施(130分)	2.设施设备管理		进行规范管理,设备档案主要包括: ①设备统计台账; ②设备的定期检验和定期自行检查的台账记录; ③设备的日常运行状况台账记录; ④设备及其安全附件、安全保护装置、测量调控装置及有关附属仪器仪表的日常维护台账记录; ⑤设备运行故障和事故台账记录				

续上表

评价类目	评价项目		释义	评价方法	标准分值	评价标准	得分
六、装备设施(130分)	3.电气安全管理	①作业场所及设施设备应采用可靠的防雷措施	为防止雷击造成的人身伤亡、着火、爆炸事故和建构筑物的破坏,建筑物的防雷措施、防雷装置、接闪器的选择和布置、防雷击电磁脉冲等应符合《建筑物防雷设计规范》(GB 50057—2010)要求,应按期进行防雷测试,对不合格点位采取有效措施,确保防雷监测点、接地电阻符合规范要求。 应根据当地气象条件,定期检查防雷接地点并做好检查记录	**查文件:** 1.作业场所防雷设施、防雷接地点台账或布设图; 2.作业场所防雷装置定期测试记录; 3.作业场所防雷测试不合格的整改及复查记录。 **现场检查:** 建筑物防雷设施	10	1.未设置防雷设施,不得分; 2.未提供防雷设施、防雷接地点台账或布设图,扣5分;台账或布设图与实际不符,每处扣2分; 3.未提供防雷装置定期测试记录,扣5分; 4.未对检测不合格的防雷接地点采取整改措施并复查的,每处扣3分; 5.现场检查,防雷装置等电位连接、接地不完好的,每处扣3分	

续上表

评价类目	评价项目		释义	评价方法	标准分值	评价标准	得分
六、装备设施(130分)	3.电气安全管理	②按照国家相关法律法规规范电气安全管理	企业应按《10kV 及以下变电所设计规范》(GB 50053—2013)《建筑照明设计标准》(GB 50034—2013)《低压配电设计规范》(GB 50054—2011)《供配电系统设计规程》(GB 50052—2009)等法规要求,规范电气设施安全管理。 各高、低压供电系统图应注明变配电站位置、架空线路和地下电缆走向、坐标、编号、型号、规格、长度、杆型和敷设方式等;应有配电室、变压器室、电容室、发电机室平面布置图和接地网络图;应有主要电气设备预防性试验报告;配电应满足“三级配电、二级漏电保护、一机一闸、一漏一箱”配电及保护要求;对固定线路、临时线路有完备的管理措施;保留规定存档期内的作业许可证、工作票、操作票等	**查文件、查资料:** 1. 工作票、作业票管理制度、值班人员岗位责任制、交接班制度、巡视检查制度、倒闸操作制度等电气安全管理制度和相关操作规程; 2. 主要电气设备预防性试验报告; 3. 安全工器具定期试验记录。 **现场检查:** 高、低压变配电系统及电气设备。 **现场询问:** 询问 3～5 名电气操作人员掌握电气安全规程情况	10	1. 未制定工作票、作业票管理制度、值班人员岗位责任制、交接班制度、巡视检查制度、倒闸操作制度等电气安全管理制度和相关操作规程,每缺一项扣 5 分;制度内容不完善,不具有可操作性,每处扣 1 分; 2. 无主要电气设备预防性试验报告,每台套扣 2 分; 3. 安全工器具配备不符合规范要求,每处扣 2 分;无定期试验记录,每处扣 2 分;	

续上表

评价类目	评价项目		释　　义	评价方法	标准分值	评价标准	得分
六、装备设施(130分)	3.电气安全管理					4. 未制定电气设备维护、检验检测、清扫、检查计划,扣5分;未按计划执行,扣2分;记录不完整,每缺一项扣1分; 5. 现场检查,电气设备的管理、使用、维护等不符合要求,每处扣2分;记录不完整,每处扣1分; 6. 询问电气设备操作人员,未掌握电气设备安全规程要求,每人次扣2分	

续上表

评价类目	评价项目		释义	评价方法	标准分值	评价标准	得分
七、科技创新与信息化(50分)	1.科技创新及应用	①使用先进的、安全性能可靠的新技术、新工艺、新设备和新材料,优先选购安全、高效、节能的先进设备	《中华人民共和国安全生产法》第十五条规定:国家鼓励和支持安全生产科学技术研究和安全生产先进技术的推广应用,提高安全生产水平。 企业应加大安全生产投入力度,淘汰技术落后、生产效率低下,能耗高的设备,引进高效、节能的设施、设备、工艺,积极推广应用安全性能可靠、高效节能、先进适用的新技术、新工艺、新设备和新材料,实现本质安全	**查资料:** 1.新技术、新工艺、新设备和新材料管理制度; 2.优先选购和使用先进高效、本质安全型新技术、新工艺、新设备和新材料资料。 **现场检查:** 新技术、新工艺、新设备和新材料的应用	10 AR	1.未制定新技术、新工艺、新设备和新材料管理制度,扣5分;制度内容不符合要求,每处扣1分; 2.未优先选购和使用先进高效、本质安全型新技术、新工艺、新设备和新材料资料,每处扣1分; 3.现场使用明令禁止或淘汰的落后工艺、设备、材料,不得分	

续上表

评价类目	评价项目		释义	评价方法	标准分值	评价标准	得分
七、科技创新与信息化(50分)	1.科技创新及应用	②组织开展安全生产科技攻关或课题研究	企业在安全生产经营活动中,应自主研究或与高等院校、科研机构、社会团体等合作,积极参与安全生产领域科技攻关或课题研究,加快先进技术的引进、吸收和自主创新步伐,逐步提高科技兴安能力	**查资料:** 1.根据实际开展科技攻关或课题研究的台账和档案; 2.查成果(如外部评审资料、获奖证书、专利证书等)。 **现场检查:** 安全生产科技攻关或课题研究在实际中的应用及效果	10	1.未根据生产实际组织开展安全生产科技创新或课题研究,不得分; 2.安全生产科技创新成果未在实际中应用,扣5分; 3.科技攻关或课题研究无可研、立项、评审和验收资料等,每缺少一项扣2分	
		③设有安全生产管理系统或平台	安全生产管理信息系统是为开展安全生产检查、监督等工作提供服务的管理信息系统,可实现企业基本信息、安全检查数据本地录入、远程传送、统计分析、综合评估、报表打印等功能,为安全生产管理机构、主管部门提供安全管理信息。企业应按要求推广使用安全生产管理信息系统,提高安全管理效率和水平	**查制度:** 信息系统管理制度。 **现场检查:** 安全生产管理系统或平台	10	1.未制定信息系统管理制度,扣2分; 2.未建立安全生产管理系统或平台,不得分; 3.安全生产管理系统或平台不能对企业安全生产活动实施有效管理,扣5分	

续上表

评价类目	评价项目		释义	评价方法	标准分值	评价标准	得分
七、科技创新与信息化(50分)	2.技信息化	①港口理货企业应根据自身需要,设立相应的电子显示监控设备和监管信息系统	具备与港口理货业务相适应、能实现数据采集、录入存储、传输交换、加工处理、服务展示、与港航电子数据交换中心和电子口岸顺利进行数据传输的理货信息系统和技术装备	**现场检查:** 理货信息系统和技术装备	10 ★★★	1. 具备与港口理货业务相适应、与港航电子数据交换中心和电子口岸进行数据传输的理货信息系统和技术装备; 2. 上述系统能正常使用	
		②设有其他安全监管信息系统	企业应结合安全管理实际情况,借鉴国内外先进经验,广泛利用现代通信、信息网络等先进技术、建立准确高效、运行可靠的其他安全生产信息管理体系,及时监管安全生产动态,提高安全生产管理信息化管理水平	**现场检查:** 其他安全监管信息系统及使用情况	10	1. 未应用其他安全监管信息系统(如远程视频监控、卫星定位系统、危险部位电子监控理货等),不得分; 2. 安全监管信息系统不能正常使用,每处扣2分	

续上表

评价类目	评价项目		释　　义	评价方法	标准分值	评价标准	得分
八、教育培训(90分)	1.培训管理	①企业应按规定开展安全教育培训,明确安全教育培训目标、内容和要求,定期识别安全教育培训需求,制定并实施安全教育培训计划	企业应确定安全教育培训主管部门,按规定及岗位需要,定期识别安全教育培训需求,制定、实施安全教育培训计划,提供相应的资源保证。 《中华人民共和国安全生产法》第十八条规定:生产经营单位的主要负责人应组织制定并实施本单位安全生产教育和培训计划	**查资料:** 1.安全教育培训制度; 2.安全教育培训需求识别、汇总及分析记录; 3.安全教育培训计划	5	1.未制定安全教育培训制度,扣3分; 2.安全教育培训制度内容未明确培训主管部门、培训需求和培训计划的制定等,每处扣1分; 3.未定期识别培训需求,扣2分; 4.未根据培训需求制定培训计划,明确培训目标、培训要求的,每处扣1分; 5.培训计划未涵盖法律法规要求,不具有操作性的,每处扣1分	
		②企业应组织安全教育培训,保证安全教育培训所需人员、资金和设施	《安全生产培训管理办法》第十条规定:生产经营单位应当建立安全培训管理制度,保障从业人员安全培训所需经费,对从业人员进行与其所从事岗位相应的安全教育培训; 《生产经营单位安全培训规定》第二十一条规定:生产经营单位应当将安全培训工作纳入本单位年度工作计划。保证本单位安全培训工作所需资金	**查资料:** 1.培训记录; 2.教育培训经费使用计划。 **现场检查:** 询问现场作业岗位和生产经营管理人员接受安全教育的情况	5	1.未按培训计划开展安全教育培训的,每处扣1分; 2.培训所需的必要人员、资金和设施未得到保证的,每处扣1分; 3.现场询问从业人员未参加培训的,每人次扣1分	

续上表

评价类目	评价项目		释　　义	评价方法	标准分值	评价标准	得分
八、教育培训(90分)	1. 培训管理	③企业应做好安全教育培训记录,建立从业人员安全教育培训档案	《生产经营单位安全培训规定》第二十二条规定:生产经营单位应当建立健全从业人员安全生产教育和培训档案,由生产经营单位的安全生产管理机构以及安全生产管理人员详细、准确记录培训的时间、内容、参加人员以及考核结果等情况	**查资料:** 1. 培训记录; 2. 从业人员安全教育培训档案	10 AR	1. 未建立安全教育培训记录,每次扣1分; 2. 未建立从业人员安全教育培训档案,不得分; 3. 从业人员安全教育培训档案缺失,每人次扣1分	
		④企业应组织对培训效果进行评估,改进提高培训质量	为了更好地落实实施继续教育培训计划,企业应在每次教育培训结束后,对培训效果进行评审,以便及时发现培训过程中存在的问题,制定解决或优化方案,调整培训计划,改进提高培训教育质量	**查资料:** 1. 培训效果评估记录; 2. 改进措施	5	1. 未进行培训效果评估,扣3分; 2. 未提出改进措施并实施,扣2分	

续上表

评价类目	评价项目		释　义	评价方法	标准分值	评价标准	得分
八、教育培训(90分)	2.资格培训	①企业的特种设备作业人员应按有关规定参加安全教育培训,取得《特种设备作业人员证》后,方可从事相应的特种设备作业或者管理工作,并按规定定期进行复审	《特种设备作业人员监督管理办法》第二条规定:锅炉、压力容器(含气瓶)、压力管道、电梯、起重机械、客运索道、大型游乐设施、场(厂)内机动车辆等特种设备的作业人员及其相关管理人员统称特种设备作业人员。从事特种设备作业的人员应当按照本办法的规定,经考核合格取得《特种设备作业人员证》,方可从事相应的作业或者管理工作	**查资料:** 1.特种设备作业人员台账; 2.资格证书	10 ★★	1.未建立特种设备作业人员台账的,不得分;台账中每缺1人扣1分; 2.台账内容不完整(主要包括岗位、姓名、特种设备作业人员证编号、初次取证时间、复审时间、有效期等),每处扣1分; 3.特种设备作业人员未取得《特种设备作业人员证》的,或未定期复审的,不得分	

续上表

评价类目	评价项目		释　　义	评价方法	标准分值	评价标准	得分
八、教育培训(90分)	2.资格培训		《特种设备作业人员监督管理办法》第二十二条规定:《特种设备作业人员证》每4年复审一次。持证人员应当在复审期满3个月前,向发证部门提出复审申请。复审合格的,由发证部门在证书正本上签章。对在2年内无违规、违法等不良记录,并按时参加安全培训的,应当按照有关安全技术规范的规定延长复审期限。 复审不合格的应当重新参加考试。逾期未申请复审或考试不合格的,其《特种设备作业人员证》予以注销。 跨地区从业的特种设备作业人员,可以向从业所在地的发证部门申请复审				

续上表

评价类目	评价项目		释义	评价方法	标准分值	评价标准	得分
八、教育培训(90分)	2. 资格培训	②企业的特种作业人员应经专门的安全技术培训并考核合格,取得《中华人民共和国特种作业操作证》后,方可上岗作业,并按规定定期进行复审。离开特种作业岗位6个月以上的特种作业人员,应重新进行实际操作考试,经确认合格后方可上岗作业	《中华人民共和国安全生产法》第二十七条规定:生产经营单位的特种作业人员必须按照国家有关规定经专门的安全作业培训,取得相应资格,方可上岗作业。 特种作业人员的范围由国务院安全生产监督管理部门会同国务院有关部门确定	**查资料:** 1. 特种作业人员台账; 2. 资格证书	10 AR	1. 未建立特种作业人员台账的,不得分;台账中每缺1人,扣1分; 2. 台账内容不完整(主要内容包括特种作业工种、姓名、特种作业操作证书编号、初次取证时间、复审时间、有效期等),每处扣1分; 3. 特种作业人员未取得《中华人民共和国特种作业操作证》或到期未复审的,每人扣1分; 4. 离开特种作业岗位6个月以上的特种作业人员,未重新进行实际操作考试,经确认合格后上岗作业的,每人扣1分	

续上表

评价类目	评价项目		释义	评价方法	标准分值	评价标准	得分
八、教育培训(90分)	3.宣传教育	企业应组织开展安全生产的法律、法规和安全生产知识的宣传、教育	企业应将安全生产法律法规的培训学习要求,纳入到企业制定的安全学习培训制度中,将适用的安全生产法律法规、标准规范及其他要求及时传达给从业人员。企业应对新的重要的法律法规进行专门培训,并对学习情况进行考核	**查资料:** 安全生产法律法规、标准及其他要求宣传、培训记录。 **询问:** 询问从业人员接受安全生产的法律、法规和安全生产知识的宣传、教育情况	5	1. 无安全生产法律法规、和安全生产知识的宣传、培训记录(培训通知、培训签到表、培训记录表、培训效果评估),每处扣1分; 2. 从业人员不熟悉本岗位适用的安全生产法律法规、标准及其他要求的,每人扣1分	

续上表

评价类目	评价项目		释义	评价方法	标准分值	评价标准	得分
八、教育培训(90分)	4.从业人员培训	①未经安全生产培训合格的从业人员,不得上岗作业	《中华人民共和国安全生产法》第二十五条规定:生产经营单位应当对从业人员进行安全生产教育和培训,保证从业人员具备必要的安全生产知识,熟悉有关的安全生产规章制度和安全操作规程,掌握本岗位的安全操作技能,了解事故应急处理措施,知悉自身在安全生产方面的权利和义务。未经安全生产教育和培训合格的从业人员,不得上岗作业。 《中华人民共和国安全生产法》第二十四条规定:生产经营单位的主要负责人和安全生产管理人员必须具备与本单位所从事的生产经营活动相应的安全生产知识和管理能力	**查资料:** 从业人员上岗前安全教育培训记录。 **询问:** 询问从业人员岗位安全生产知识的掌握情况	5	1. 人员未经培训合格上岗作业的,每人次扣1分; 2. 从业人员未掌握与本岗位有关的安全生产知识的,每人次扣2分	

续上表

评价类目	评价项目		释义	评价方法	标准分值	评价标准	得分
八、教育培训(90分)	4.从业人员培训	②从业人员应每年接受再培训,培训时间不得少于规定学时	《中华人民共和国安全生产法》第二十五条规定规定:生产经营单位应当对从业人员进行安全生产教育和培训,保证从业人员具备必要的安全生产知识,熟悉有关的安全生产规章制度和安全操作规程,掌握本岗位的安全操作技能。未经安全生产教育和培训合格的从业人员,不得上岗作业。 《生产经营单位安全培训规定》第九条规定:生产经营单位主要负责人和安全生产管理人员初次安全培训时间不得少于32学时。每年再培训时间不得少于12学时	**查资料:** 从业人员年度再培训记录	5	1.未组织从业人员进行年度再培训的,扣2分; 2.从业人员年度再培训不满足规定学时要求的,每人次扣1分	

续上表

评价类目	评价项目		释义	评价方法	标准分值	评价标准	得分
八、教育培训(90分)	4.从业人员培训	③对离岗重新上岗、转换工作岗位的人员,应进行岗前培训。培训内容应包括安全法律法规、安全管理制度、岗位操作规程、风险和危害告知等,与新岗位安全生产要求相符合	《生产经营单位安全培训规定》规定:从业人员在生产经营单位内调整工作岗位或离岗一年以上重新上岗时,应当重新接受车间(工段、区、队)和班组级的安全培训。地方法规有规定的,从其规定	**查资料:** 对调整工作岗位或离岗一年以上(地方法规有规定的,从其规定)重新上岗的人员,进行岗前安全培训记录	5	对调整工作岗位或离岗一年以上(地方法规有规定的,从其规定)重新上岗的人员,未进行岗前安全培训教育,每人次扣2分	
		④应对新员工进行三级安全教育培训,经考核合格后,方可上岗。培训时间不得少于规定学时	《生产经营单位安全培训规定》第十二条规定:加工、制造业等生产单位的其他从业人员,在上岗前必须经过厂(矿)、车间(工段、区、队)、班组三级安全培训教育。 生产经营单位应当根据工作性质对其他从业人员进行安全培训,保证其具备本岗位安全操作、应急处置等知识和技能。 《生产经营单位安全培训规定》第十三条规定:生产经营单位新上岗的从业人员,岗前安全培训时间不得少于24学时	**查资料:** 1.员工名册,必要时抽查劳动合同; 2.新员工的三级安全教育培训记录; 3.三级安全教育培训考核记录	10 AR	1.未对新员工进行三级安全教育培训的,每人次扣1分; 2.三级安全教育培训考核不合格上岗的,每人次扣1分; 3.三级安全教育培训学时不满足规定学时的,每人次扣1分	

续上表

评价类目	评价项目		释　义	评价方法	标准分值	评价标准	得分
八、教育培训(90分)	4.从业人员培训	⑤企业使用被派遣劳动者的,应纳入本企业从业人员统一管理,进行岗位安全操作规程和安全操作技能的教育和培训	《中华人民共和国安全生产法》第二十五条规定:生产经营单位使用被派遣劳动者的,应当将被派遣劳动者纳入本单位从业人员统一管理,对被派遣劳动者进行岗位安全操作规程和安全操作技能的教育和培训。劳务派遣单位应当对被派遣劳动者进行必要的安全生产教育和培训	**查资料:** 1. 劳务派遣人员名单; 2. 安全教育培训记录	5	劳务派遣人员未进行岗位安全操作规程和安全操作技能教育和培训的,每人次扣1分	
		⑥应在新技术、新设备投入使用前,对管理和操作人员进行专项培训	《中华人民共和国安全生产法》第二十六条规定:生产经营单位采用新工艺、新技术、新材料或者使用新设备,必须了解、掌握其安全技术特性,采取有效的安全防护措施,并对从业人员进行专门的安全生产教育和培训	**查资料:** 1. 新技术、新设备投入使用资料; 2. 专项培训记录。 **询问:** 现场询问3～5名从业人员参加新技术、新设备培训情况	5	1. 新技术、新设备投入使用前,未对管理和操作人员进行专项培训的,每人次扣2分; 2. 专项培训记录档案资料不完整,每处扣1分; 3. 从业人员不清楚新技术、新设备等的操作要求,每人次扣1分	

续上表

评价类目	评价项目		释义	评价方法	标准分值	评价标准	得分
八、教育培训(90分)	5.规范档案	企业应当建立安全生产教育和培训档案,如实记录安全生产教育和培训的时间、内容、参加人员以及考核结果等情况	《中华人民共和国安全生产法》第二十五条规定:生产经营单位应当建立安全生产教育和培训档案,如实记录安全生产教育和培训的时间、内容、参加人员以及考核结果等情况	**查资料:** 安全教育培训档案。 **询问:** 询问从业人员接受安全教育培训情况	5	1. 安全教育培训档案不完整的(包括培训时间、培训内容、主讲人、参加人员、考核结果、人员签字等),每处扣1分; 2. 从业人员不清楚近期参加安全培训的项目及主要内容,每人次扣1分	
九、作业管理(220分)	1.现场作业管理	①严格执行操作规程和安全生产作业规定,严禁违章指挥、违章操作、违反劳动纪律	"三违"指违章指挥、违章作业、违反劳动纪律,反"三违"是遏制事故的重要措施。生产经营单位应对操作规程和安全生产作业规定执行情况进行监督检查,严格查处"三违"行为	**现场检查:** 作业现场	10 AR	现场检查,发现有"三违"情况的,每人次扣5分	

续上表

评价类目	评价项目		释　　义	评价方法	标准分值	评价标准	得分
九、作业管理(220分)	1.现场作业管理	②具有与经营规模、范围相适应的专业技术人员、管理人员和操作人员,按规定持证上岗	生产经营单位应按照经营范围和业务规模,配备专业技术人员、管理人员和操作人员。人员配备应考虑岗位需求及参与人员的文化层次、年龄、知识结构、业务能力,确保人员适任	**查资料:** 1.岗位说明书或人员适任要求; 2.人员花名册。 **现场检查:** 抽查人员持证上岗情况	10 ★★★	1.编制岗位说明书或人员适任要求; 2.按生产经营单位的经营范围、业务规模、作业班次等配备专业技术人员、管理人员和操作人员; 3.现场人员按要求持证上岗	
		③在下达生产任务的同时,布置安全生产工作要求	本条是生产任务与安全工作关系的考核要求,完成生产任务是最终目的,安全是生产的保障,生产必须安全	**查资料:** 下达生产任务、布置安全措施的记录。 **现场检查:** 下达生产任务同时,布置安全生产工作情况	10	1.下达生产任务同时未布置安全生产工作,无相关记录,不得分; 2.安全措施与实际不符,每处扣2分	

续上表

评价类目	评价项目		释义	评价方法	标准分值	评价标准	得分
九、作业管理(220分)	1.现场作业管理	④从业人员具有相应的安全管理知识和操作能力	从业人员应熟悉与业务相关的技术标准,具有相应的安全管理知识和操作能力	**询问:** 从业人员安全管理知识和操作要点	10	现场询问从业人员,不熟悉与理货业务相关的安全管理知识和操作要点,每人次扣2分	
		⑤制定至少包括下列危险作业的安全监督管理制度,明确责任部门、人员、许可范围、审批程序、许可签发人员等:高处作业、临时用电、过驳理货、乘小船看水尺、锚地船舶常数测量作业、油品计量、受限空间,其他危险作业	危险作业是指作业过程中可能造成人身伤害事故或财产损失、具有较大风险、需采取安全技术和管理措施才能进行的作业活动。 生产经营单位应根据作业类别,进行危险辨识和分级管控,制定危险作业管理制度,明确危险作业范围、责任部门、人员、许可要求、审批程序、监护等要求	**查资料:** 危险作业管理制度	10	1.未制定危险作业(适用时包括:高处作业、临时用电、过驳理货、乘小船看水尺、锚地船舶常数测量作业、油品计量、受限空间,其他危险作业等)管理制度,每缺一项扣5分; 2.制度中未明确危险作业范围、责任部门、人员、许可要求、审批程序、监护等要求,每处扣2分	

续上表

评价类目	评价项目		释　义	评价方法	标准分值	评价标准	得分
九、作业管理(220分)	1.现场作业管理	⑥指定专人对危险作业(高处作业、过驳理货、乘小船看水尺、锚地船舶常数测量作业、油品计量、受限空间,其他危险生产作业)进行现场管理,严格执行巡回检查制度	生产经营单位应指定专人对危险作业进行管理,主要包括:作业前进行危险、有害因素识别,制定安全控制措施、履行许可审批手续、执行作业监护制度、巡回检查制度、根据安全风险配备消防、救生及其他安全防护器具等	**查记录:** 危险作业记录。 **现场检查:** 危险作业。 **询问:** 现场作业人员和监护人员	10 ★★	1. 无危险作业记录,不得分;记录不完整,每处扣1分; 2. 作业前未进行危险、有害因素辨识,未制定安全控制措施,扣5分; 3. 未进行作业前的许可审批,扣5分;审批不规范,每处扣1分; 4. 作业前未进行安全技术交底,扣5分;交底内容与风险不一致,每处扣2分; 5. 未根据实际进行作业前和作业过程监测,扣5分; 6. 未执行监护和巡回检查制度,扣5分; 7. 正在实施的危险作业现场未配备消防、救生、安全设备,每缺一项扣2分; 8. 随机询问现场作业人员和监护人员,不清楚危险作业控制要求,每人次扣2分	

续上表

评价类目	评价项目		释义	评价方法	标准分值	评价标准	得分
九、作业管理(220分)	1. 现场作业管理	⑦对现场理货作业实施安全监督检查	生产经营单位应明确专人对作业过程实施安全监督管理,确保理货作业符合操作规范要求	**查资料:** 理货作业安全检查记录。 **现场检查:** 现场理货作业	10	1. 无理货作业安全检查记录,不得分; 2. 记录不完整,每处扣1分; 3. 未及时处理发现的问题,每处扣1分	
		⑧建立并规范填写工作记录和台账	生产经营单位应根据法律法规要求,结合行业特点,对理货过程及安全管理进行策划,建立工作记录,为工作的开展保留客观证据	**查资料:** 工作记录和台账。 **现场检查:** 当班工作记录填写情况	10 AR	1. 无工作记录和台账,不得分; 2. 工作记录和台账不完整,每处扣1分	

续上表

评价类目	评价项目		释义	评价方法	标准分值	评价标准	得分
九、作业管理(220分)	2. 安全值班	制定并落实安全生产值班计划和值班制度,重要时期实行领导到岗带班,有值班记录	生产经营单位主要负责人、领导班子成员要认真执行安全值班和重要时期领导现场带班制度,制定安全生产值班计划和重要时期领导到岗带班计划,加强对重点部位、关键环节的检查巡视,及时发现问题、解决问题、据实记录并做好岗位交接	**查资料:** 1. 安全生产值班、重要时期实行领导到岗带班; 2. 安全值班计划; 3. 重要时期领导到岗带班计划; 4. 安全值班和领导带班记录; 5. 发现问题的处理记录	10	1. 未制定安全生产值班、重要时期实行领导到岗带班制度,不得分;制度内容不完善,每处扣1分; 2. 无安全生产值班计划、重要时期领导到岗带班计划,每缺一项扣2分; 3. 未按计划值班,每人次扣1分; 4. 重要时期未实行领导到岗带班,每人次扣2分; 5. 无值班记录,不得分;记录不完整,每处扣1分; 6. 无发现问题的处理记录,扣3分	

续上表

评价类目	评价项目		释义	评价方法	标准分值	评价标准	得分
九、作业管理(220分)	3.相关方管理	①两个或两个以上单位共用作业场所或设施设备进行生产经营的现场安全生产管理职责明确,并落实到位	港口理货过程中,可能会与船方、货主、承包单位、承租单位等共用同一设施设备或在同一区域进行交叉作业。《中华人民共和国安全生产法》第四十五条规定:两个以上生产经营单位在同一作业区域内进行生产经营活动,可能危及对方生产安全的,应当签订安全生产管理协议,明确各自的安全生产管理职责和应当采取的安全措施,并指定专职安全生产管理人员进行安全检查与协调。 《中华人民共和国安全生产法》第四十六条规定:生产经营项目、场所发包或者出租给其他单位的,生产经营单位应当与承包单位、承租单位签订专门的安全生产管理协议,或者在承包合同、租赁合同中约定各自的安全生产管理职责。 各方应建立沟通协调机制,明确分工和责任,避免互相推诿,逃避安全责任	**查资料:** 1.相关方管理制度; 2.相关方名录包括但不限于:外来施工(作业)方、租赁单位、分包单位、供应商等名录; 3.安全生产管理协议。 **现场检查:** 现场作业安全职责落实情况	10	1.未制定相关方管理制度,扣5分; 2.未建立相关方名录,扣3分;名录信息不完整,每处扣1分(最多扣3分); 3.未与相关方签订安全生产协议,每缺一家扣5分; 4.未明确各自安全生产管理职责,扣5分;职责规定不清晰,每处扣1分; 5.安全职责落实不到位,每处扣2分	

续上表

评价类目	评价项目		释义	评价方法	标准分值	评价标准	得分
九、作业管理(220分)	3.相关方管理	②与外来施工(作业)方签订安全协议,明确双方各自的安全责任	应在专门安全生产管理协议或者承包、租赁合同中,依法对各自的安全生产管理职责以及生产安全事故报告、调查处理、应急救援等安全生产事项作出明确约定	**查资料:** 安全生产管理协议和合同。 **现场检查:** 安全职责落实情况	10	1. 未与外来施工(作业)方签订安全生产协议,不得分; 2. 未明确各自安全生产管理职责,扣5分;职责规定不清晰,每处扣1分(最多扣5分); 3. 安全职责落实不到位,每处扣2分	
		③对外发包或出租生产经营项目、场所、设备,对承包承租方进行资质审查	《中华人民共和国安全生产法》第四十六条规定:生产经营单位不得将生产经营项目、场所、设备发包或者出租给不具备安全生产条件或者相应资质的单位或者个人。 生产经营单位对承包单位、承租单位进行资质审查,实施准入管理	**查资料:** 1. 相关方资质审查档案; 2. 对相关方的安全监督检查记录	10	1. 无相关方档案,每缺一家扣5分;档案资料不完整,每处扣1分; 2. 相关方资质不符合要求,每处扣2分; 3. 存在以包代管,未履行发包方职责,不得分; 4. 安全职责落实不到位,每处扣2分	

续上表

评价类目	评价项目		释　　义	评价方法	标准分值	评价标准	得分
九、作业管理(220分)	3.相关方管理	④外来从事危险作业人员须具备相应资质,并取得相关资格证书	外来从事危险作业人员按照规定应取得相应资质的,作业时应随身携带证件,自觉接受用人单位的安全管理和质量技术监督部门的监督检查	**查资料:** 人员资质持证上岗情况	10	外来从事作业人员未按规定持证上岗的,每人次扣5分	
		⑤对短期合同工、临时用工、实习人员、外来参观人员、客户及其车辆等进入作业现场有相应的安全管理制度和措施	短期合同工、临时用工、实习人员、外来参观人员、客户及其车辆等进入作业现场,应向其说明现场存在的危险因素和注意事项、安全管理要求,并在企业人员陪同下,进入作业区域	**查资料:** 1. 外来人员、车辆进入作业现场安全管理制度和措施; 2. 安全告知记录	5	1. 未制定对外来人员、车辆等进入作业现场的安全管理制度和措施,不得分;制度、措施不完善,每处扣1分; 2. 制度、措施未落实,每处扣2分	

续上表

评价类目	评价项目		释　义	评价方法	标准分值	评价标准	得分
九、作业管理(220分)	4.作业安全管理	①制定作业指导书,作业指导书应包含安全操作规程	港口理货货物种类较多,应制定作业指导书,规定岗位操作要点、工作流程和工作要求,并根据岗位生产作业特点,在进行危险源辨识、评估的基础上,有针对性地制定控制措施,编制岗位操作规程,规范从业人员的操作行为	**查资料:** 1. 作业指导书; 2. 安全操作规程	10	1. 未制定作业指导书,不得分; 2. 无安全操作要求,不得分; 3. 作业指导书不具有可操作性、与实际操作不一致的,每处扣2分	
		②现场作业各工种按作业指导书进行作业,严格遵守岗位操作规程,人员穿戴的服装及使用的工具符合要求	人是所有作业活动中最活跃的因素,现有统计数据表明,绝大多数安全生产事故由员工违章造成,因此作业现场从业人员应严格按照作业指导书规范操作,遵守岗位操作规程,正确穿戴劳动防护用品,使用符合现场安全生产要求的工具,以防范事故发生,规避安全生产风险	**现场检查:** 理货作业现场	5	1. 未按作业指导书作业,未遵守岗位操作规程,不得分; 2. 从业人员未正确穿戴劳动防护用品,使用的工具不符合要求,每处扣2分	

续上表

评价类目	评价项目		释义	评价方法	标准分值	评价标准	得分
九、作业管理(220分)	5.消防管理	①机动车辆进入仓库应符合防火规定	应对进入理货、仓储区域的机动车实施管理,机动车应遵守消防规定,符合防火要求	**现场检查:** 进入理货、仓储区域的机动车辆	5	进入理货、仓储区域的机动车辆、流动机械未配备车载灭火器、未根据实际配备必要的阻火装置,每台扣2分	
		②建立防火安全管理制度并贯彻落实	建立健全消防安全管理制度和消防安全操作规程,明确消防设施管理、建档、检查、检测、维修等要求,制定年度消防工作计划并组织实施	**查资料:** 1.专、兼职消防安全部门和责任人; 2.消防安全管理制度; 3.消防安全操作规程; 4.年度消防工作计划及实施记录; 5.消防档案	10 ★★★	1.指定专、兼职消防安全责任人和管理人,明确消防安全工作管理职能部门; 2.建立健全消防安全管理制度和消防安全操作规程; 3.制定年度消防工作计划并组织实施; 4.建立消防档案,重点消防单位的消防档案报消防部门备案	

续上表

评价类目	评价项目		释义	评价方法	标准分值	评价标准	得分
九、作业管理(220分)	5.消防管理	③消防设施和器材管理符合相关技术规范要求	按照《建筑设计防火规范》(GB 50016—2014)《建筑灭火器配置设计规范》(GB 50140—2005)《人员密集场所消防安全管理》(GA 654—2006)等标准规范要求,对消防设施和器材实施管理。灭火器的选择应考虑配置场所的火灾种类、危险等级、灭火效能和通用性、灭火剂对保护物品的污损程度、灭火器设置点的环境温度、使用灭火器人员的体能等。在同一灭火器配置场所,宜选用相同类型和操作方法的灭火器。当同一灭火器配置场所存在不同火灾种类时,应选用通用型灭火器。在同一灭火器配置场所,当选用两种或两种以上类型灭火器时,应采用灭火剂相容的灭火器	**现场检查:** 消防设施和器材	10	1.未按要求设置消防设施、配备消防器材,每处扣2分; 2.消防设施、器材不能正常使用,每处扣2分; 3.消防器材周围1m内堆放货物或杂物,不便于取用,每处扣2分	

续上表

评价类目	评价项目		释义	评价方法	标准分值	评价标准	得分
九、作业管理(220分)	5.消防管理	④定期开展消防安全检查,统计分析消防工作现状,完善消防工作措施	制定并执行消防安全检查制度,指定专业人员定期检查,发现火灾隐患应落实整改责任部门、责任人,并确保在规定时限内有效整改。 应统计分析消防工作现状,有针对性地制定消防改进提升计划,完善消防工作措施	**查资料:** 1. 消防安全检查记录; 2. 消防工作统计分析资料; 3. 进一步完善消防工作的措施	10	1. 未指定专人每月开展消防安全检查,不得分; 2. 消防检查点位遗漏一处,扣2分; 3. 未定期统计分析消防工作现状,扣2分; 4. 未制定进一步完善消防工作的措施,扣3分	
	6.警示标志、报警装置	①结合实际情况,建立警示标志(标识)、报警装置清单(或台账),并确保清单内容与现场设置相符	安全色是指传递安全信息含义的颜色,包括红色、蓝色、黄色和绿色。安全警示标志分为四类:禁止标志、警告标志、指令标志、提示标志。生产经营单位应按照《安全色》(GB 2893—2008)、《安全标志及其使用导则》(GB 2894—2008)设置安全色、安全警示标志,按照《消防安全标志》(GB 13495—2015)要求,设置消防安全标志,按照《道路交通标志和标线》(GB 5768—2009)设置道路交通标志和标线	**查资料:** 1. 安全警示标志、标识管理制度; 2. 安全警示标志、标识、报警装置清单。 **现场检查:** 安全警示标志(标识)、报警装置	10 AR	1. 未制定安全警示标志、标识管理制度,扣5分; 2. 未建立安全警示标志、标识、报警装置清单,扣5分; 3. 清单与现场设置不符,每处扣1分; 4. 安全警示标志、标识、警示线、安全色等不符合规范要求,每处扣1分	

续上表

评价类目	评价项目		释　义	评价方法	标准分值	评价标准	得分
九、作业管理(220分)	6.警示标志、报警装置	②各类警示标志(标识、标线)应清晰、牢固,无破损、褪色、错标等现象	现场设置的各类警示标志(标识、标线)齐全、规范、清晰、醒目、完好、牢固,无破损、褪色、错标等现象。 安全标志牌至少每半年检查一次,如发现有破损、变形、褪色等不符合要求时应及时修整或更换	**现场检查:** 警示标志(标识、标线)	5	1. 各类警示标志(标识、标线)设置位置不当或被遮挡、污损或破损、变形、褪色、错标等,每处扣1分; 2. 未至少每半年对各类警示标志(标识、标线)进行一次检查并保留记录的,每缺少一次扣2分	
		③固定式报警装置的安装应符合相关安全规范和技术要求。移动式报警仪配置应能满足作业现场要求	在有可能引起火灾、爆炸、人员中毒、窒息等危险部位设置温度、压力、泄漏等固定式监测装置、通信报警装置,理货员在相应区域从事理货作业时,应配备移动式报警仪。固定式报警装置的安装应符合相关安全规范和技术要求,移动式报警仪配置应能满足作业现场要求	**现场检查:** 1. 固定式报警装置; 2. 移动式报警仪	5	1. 未根据实际配备固定式报警装置和移动式报警仪的,不得分; 2. 固定式报警装置的安装不符合安全规范和技术要求,每处扣2分; 3. 移动式报警仪配置不满足现场作业要求,每处扣2分	

续上表

评价类目	评价项目		释义	评价方法	标准分值	评价标准	得分
九、作业管理(220分)	6.警示标志、报警装置	④应确保报警装置、移动式报警仪的正常使用。移动式报警仪的配置数量应满足安全巡检及事故检查的需要	应对报警装置、移动式报警仪定期检查或校验，确保完好有效。应根据作业班次、现场检查、安全巡检及事故检查的需要，配备足够的移动式报警仪	**现场检查：** 1. 固定式报警装置； 2. 移动式报警仪	5	1. 报警装置、移动式报警仪不能正常使用，每处扣2分； 2. 移动式报警仪的配置数量不满足安全巡检及事故检查需要的，每缺少1台扣2分	
		⑤建立、健全报警装置档案，各类记录归档及时	建立、健全报警装置档案，主要包括：使用手册、台账、布设图、检验校准记录等，各类记录应及时归档	**查资料：** 报警装置档案	5	1. 无报警装置档案，不得分； 2. 报警装置档案不完整，与实际配备不一致，每处扣2分； 3. 各类记录未及时归档，每缺一项扣2分	
	7.限制区域管理	采取措施，严禁其他人员进入作业限制区域	根据港口相关法规规定，对集装箱码头、海关监管场所等实行封闭管理，生产经营单位也可根据实际情况，设置对港方、船舶、货主等的限制区域，并采取措施，严禁其他人员进入	**查资料：** 严格禁止进入限制区域的管理措施。 **现场检查：** 限制区域	5 ★★★	1. 制定严格禁止无关人员进入限制区域的管理措施； 2. 无关人员不得擅自进入封闭场所、限制区域	

续上表

评价类目	评价项目		释　　义	评价方法	标准分值	评价标准	得分
十、风险管理(60分)	1.一般要求	企业应依法依规建立健全安全生产风险管理制度,开展本单位管理范围内的风险辨识、评估、管控等工作,落实重大风险登记、重大危险源报备责任,防范和减少安全生产事故	依据《公路水路行业安全生产风险管理暂行办法》(交安监发〔2017〕60号)第三条明确要求:从事公路水路行业生产经营活动的企事业单位(以下简称生产经营单位)是安全生产风险管理的实施主体,应依法依规建立健全安全生产风险管理工作制度,开展本单位管理范围内的风险辨识、评估等工作,落实重大风险登记、重大危险源报备和控制责任,防范和减少安全生产事故	**查资料:** 1.企业安全生产风险管理工作制度(应含重大风险管理内容)和重大危险源管理制度(含辨识、报备和管控等内容); 2.企业管理范围内的风险辨识、评估等工作的记录; 3.重大风险登记、报备,重大危险源辨识、建档、报备和控制等工作记录	5 AR	1.未制定发布企业安全生产风险管理工作制度,不得分;内容不符合要求的,每处扣0.5分; 2.无风险辨识、评估等工作记录,扣2分;不全面或缺失,每处扣1分; 3.未开展重大危险源辨识、建档、报备和控制等工作,每缺一项扣1分; 4.重大风险未登记或报备,扣1分	

续上表

评价类目	评价项目		释　义	评价方法	标准分值	评价标准	得分
十、风险管理(60分)	2.风险辨识	①企业应制定风险辨识规则，明确风险辨识的范围、方式和程序	依据《公路水路行业安全生产风险管理暂行办法》(交安监发〔2017〕60号)第十一条明确要求：生产经营单位应针对本单位生产经营活动范围及其生产经营环节，按照相关法规标准要求，编制风险辨识规则，明确风险辨识范围、方式和程序。 风险识别是指在风险事故发生之前，人们运用各种方法系统的、连续的认识所面临的各种风险以及分析风险事故发生的潜在原因。风险识别过程包含感知风险和分析风险两个环节。为更好地开展风险辨识工作，企业应制定风险辨识规则，明确辨识的范围、方式和程序等内容，指导员工开展风险辨识工作。风险辨识的范围应包含了企业所有人员、作业、过程和场所，辨识方式适合企业各岗位需求，辨识程序全面、合规	**查资料：** 安全生产风险辨识方法(或规则)	5	1.未制定发布企业安全生产风险辨识指南(或规则)，不得分； 2.风险辨识规则中未包含评价范围、方法、程序、人员能力、记录及报告编制和归档等要求，每缺一项扣1分	

续上表

评价类目	评价项目		释　义	评价方法	标准分值	评价标准	得分
十、风险管理(60分)	2.风险辨识	②风险辨识应系统、全面,并进行动态更新	企业风险是一个复杂的系统,其中包括不同类型、不同性质、不同损失程度的各种风险,故对风险进行识别,应该全面系统地考察、了解各种风险事件存在和可能发生的概率以及损失的严重程度,风险因素及因风险的出现而导致的其他问题。因此,必须系统、全面了解各种风险的存在和发生及其将引起的损失后果的详细情况,以便及时而清楚地为决策者提供比较完备的决策信息。同时,风险随生产工艺、装备和过程变化、环境变化、人的因素和管理的变化,风险致险因素、危害程度等也发生变化,相应的控制方法和措施也应随之改变,因此应进行动态更新	**查资料:** 1. 风险辨识清单; 2. 动态更新记录	5	1. 未建立风险辨识清单,不得分; 2. 风险清单未动态更新,每处扣2分	

续上表

评价类目	评价项目		释　　义	评价方法	标准分值	评价标准	得分
十、风险管理(60分)	2.风险辨识	③风险辨识应涉及所有的工作人员(包括外部人员)、工作过程和工作场所。安全生产风险辨识结束后应形成风险清单	风险辨识是运用各种方法对尚未发生的潜在风险以及客观存在的各种风险进行系统归类和全面识别。风险辨识不是一次能够完成的,它应该在整个安全生产过程中定期而有计划地进行,具有广泛性、全生命周期和信息依赖性,因为安全生产参与成员的工作性质不同,所面临的风险也会有所不同,他们都有自己独特的生产经历和风险管理经验,可以为识别生产的风险提供更多的途径。同时,由于生产由不同分工协助组合完成,风险识别将涉及财务、工艺、设备、技术、管理等多个的不同知识领域;另外,风险存在于产品生产生命期的各个阶段中,不同阶段会出现影响程度不同的风险,随着生产过程、条件(含场所)、环境、范围等的不断变化,新的风险又会产生,从而又需要开展新一轮的风险识别。总之,风险辨识必然贯穿于生产的全过程和所有场所。风险辨识成果之一,就是形成风险清单	**查资料:** 查风险辨识清单	3	风险清单未涉及所有的工作人员(包括外部人员)、工作过程和工作场所,每缺1项扣1分	

续上表

评价类目	评价项目		释义	评价方法	标准分值	评价标准	得分
十、风险管理(60分)	3. 风险评估	①企业应从发生危险的可能性和严重程度等方面对风险因素进行分析,选定合适的风险评估方法,明确风险评估规则	风险评估是指风险识别、风险分析和风险评价的全过程。通过选择合适的评估方法对存在的安全生产风险和有害因素进行评估,确定风险程度和等级,并根据评估结果采取针对性的控制措施,确保风险控制在可接受的范围之内。 企业应编制风险评价规则,规则应根据不同岗位、过程和场所辨识风险,从发生危险的可能性和严重程度等方面对风险因素进行分析,推荐选择采用合适的风险评估方法	**查资料:** 风险评估规则	2	未制定风险评估规则或规则不具有可操作性,不得分	

续上表

评价类目	评价项目		释义	评价方法	标准分值	评价标准	得分
十、风险管理(60分)	3.风险评估	②企业应依据风险评估规则,对风险清单进行逐项评估,确定风险等级	企业应依据风险评估规则,对风险清,选择合适评价方法进行逐项评估,确定风险等级	**查资料:** 1.风险分析记录; 2.风险评价报告; 3.重大、较大风险清单	5	1.无风险评估分析记录、风险评价报告,不得分;每缺一项,扣1分; 2.风险清单中无风险等级,不得分;风险等级评价不全,每处扣1分; 3.风险等级判定不准确,每处扣1分; 4.无重大、较大风险清单,不得分	

续上表

评价类目	评价项目		释义	评价方法	标准分值	评价标准	得分
十、风险管理(60分)	4. 风险控制	①企业应根据风险评估结果及经营运行情况等,按以下顺序确定控制措施: a. 消除; b. 替代; c. 工程控制措施; d. 设置标志警告和(或)管理控制措施; e. 个体防护装备等	企业应根据风险评价的结果及经营运行情况等,确定不可接受的风险,制定并落实控制措施,将风险尤其是重大风险控制在可以接受的程度;风险控制措施符合相关标准要求。企业在选择风险控制措施时应考虑: ①可行性; ②安全性; ③可靠性。 应包括: ①工程技术措施; ②管理措施; ③培训教育措施; ④个体防护措施。 应按照以下顺序确定控制措施: ①消除; ②替代; ③工程控制措施; ④设置标志警告和(或)管理控制措施; ⑤个体防护装备等	**查资料:** 1. 风险控制措施; 2. 风险控制措施是否符合规定的控制顺序要求。 **现场检查结合询问:** 重点场所、关键岗位和设备设施的风险控制措施	5	1. 未明确企业应根据风险评估结果及经营运行情况等,确定风险控制措施,不得分; 2. 风险控制措施与风险控制要求不一致,每处扣1分; 3. 重点场所、岗位、设备设施的风险控制措施不明确、不合理、不符合要求,每处扣1分	

续上表

评价类目	评价项目		释　　义	评价方法	标准分值	评价标准	得分
十、风险管理(60分)	4.风险控制	②企业应将安全风险评估结果及所采取的控制措施告知相关从业人员，使其熟悉工作岗位和作业环境中存在的安全风险，掌握、落实应采取的控制措施	《中华人民共和国安全生产法》第四十一条规定：生产经营单位应当教育和督促从业人员严格执行本单位的安全生产规章制度和安全操作规程；并向从业人员如实告知作业场所和工作岗位存在的危险因素、防范措施以及事故应急措施。故企业应将安全风险评估结果及所采取的控制措施告知相关从业人员，使其熟悉工作岗位和作业环境中存在的安全风险，掌握、落实应采取的控制措施	**查资料：** 告知文件、记录。 **询问：** 询问从业人员是否熟悉本岗位安全风险及控制措施	5	1. 未将安全风险评估告知从业人员或未提供告知记录，不得分； 2. 告知记录不完整，每处扣1分； 3. 作业人员不熟悉工作岗位和作业环境中存在的安全风险，每人次扣1分； 4. 作业人员未掌握、落实风险控制措施，每处扣1分	

续上表

评价类目	评价项目		释　义	评价方法	标准分值	评价标准	得分
十、风险管理(60分)	4.风险控制	③企业应建立风险动态监控机制,按要求对风险进行控制和监测,及时掌握风险的状态和变化趋势,以确保风险得到有效控制	《公路水路行业安全生产风险管理暂行办法》(交安监发〔2017〕60号)第十八条规定:生产经营单位应建立风险动态监控机制,按要求进行监测、评估、预警,及时掌握风险的状态和变化趋势。 风险动态监控对风险的发展与变化情况进行全程监督,并根据需要进行应对策略的调整。因为风险是随着内部外部环境的变化而变化的,它们在决策主体经营活动的推进过程中可能会增大或者衰退乃至消失,也可能由于环境的变化又生成新的风险。风险动态监控就是通过对风险规划、识别、估计、评价、应对全过程的监视和控制,从而保证风险管理能达到预期的目标,它是项目实施过程中的一项重要工作	**查资料:** 1.风险动态监控管理制度; 2.风险动态监控记录	3	1.未制定风险动态监控制度,不得分; 2.制度中未明确监控项目、参数、责任人员、频次和方法等要求,每缺一项扣1分; 3.无风险动态监控记录,不得分;缺少一项监控记录扣1分; 4.企业风险未得到有效控制的,每处扣1分	

续上表

评价类目	评价项目		释义	评价方法	标准分值	评价标准	得分
十、风险管理(60分)	5.重大风险管控	①企业对重大风险进行登记建档，设置重大风险监控系统，制定动态监测计划，并单独编制专项应急措施	《公路水路行业安全生产风险管理暂行办法》(交安监发〔2017〕60号)第二十四条规定:生产经营单位应如实记录风险辨识、评估、监测、管控等工作，并规范管理档案。重大风险应单独建立清单和专项档案。第二十六条规定:(一)对重大风险制定动态监测计划，定期更新监测数据或状态，每月不少于1次，并单独建档;(二)重大风险应单独编制专项应急措施。 企业对确定认的重大风险都应按照规定登记建档。重大风险档案主要内容包括基本信息、管控信息、预警信息和事故信息等	**查资料:** 1.重大风险档案; 2.重大风险监控系统; 3.动态监测计划; 4.重大风险专项应急措施	5 ★★	1.未建立重大风险登记档案，不得分;档案内容不全，每处扣1分; 2.未设置重大风险监控系统，不得分; 3.未制定动态监测计划，不得分;计划不全面，每处扣1分; 4.未制定针对重大风险的专项应急措施，扣3分; 5.重大风险的专项应急措施不完整，每处扣1分	

续上表

评价类目	评价项目		释　义	评价方法	标准分值	评价标准	得分
十、风险管理(60分)	5.重大风险管控	②企业应当在重大风险所在场所设置明显的安全警示标志,对进入重大风险影响区域的人员组织开展安全防范、应急逃生避险和应急处置等相关培训和演练	《公路水路行业安全生产风险管理暂行办法》(交安监发〔2017〕60号)第二十八条规定:生产经营单位应当在重大风险所在场所设置明显的安全警示标志,标明重大风险危险特性、可能发生的事件后果、安全防范和应急措施。 第二十七条规定:生产经营单位应对进入重大风险影响区域的本单位从业人员组织开展安全防范、应急逃生避险和应急处置等相关培训和演练	**查资料:** 培训、演练计划和记录。 **现场检查:** 重大风险场所	5	1.现场未设置明显的重大风险警示标志,每处扣2分; 2.未标明重大风险危险特性、可能发生的事件后果、安全防范和应急措施,缺一项扣1分; 3.无培训计划或演练计划,扣1分; 4.无培训记录或培训记录不全,扣2分; 5.无演练记录或记录不全,扣1分;无演练总结,扣1分	

续上表

评价类目	评价项目		释义	评价方法	标准分值	评价标准	得分
十、风险管理(60分)	5.重大风险管控	③企业应当将本单位重大风险有关信息通过公路水路行业安全生产风险管理信息系统进行登记,构成重大危险源的应向属地负有安全生产监督管理职责的交通运输管理部门备案	《公路水路行业安全生产风险管理暂行办法》(交安监发〔2017〕60号)第三十条规定:生产经营单位应当将本单位重大风险有关信息通过公路水路行业安全生产风险管理信息系统进行登记,构成重大危险源的应向属地综合安全生产监督管理部门备案。登记(含重大危险源报备,下同)信息应当及时、准确、真实	**查系统:** 重大风险通过公路水路行业安全生产风险管理信息系统进行登记的记录。 **查资料:** 重大危险源报备记录	2 ★★★	1.将重大风险通过公路水路行业安全生产风险管理信息系统进行登记; 2.重大危险源应报属地综合安全生产监督管理部门备案	
		④重大风险经评估确定等级降低或解除的,企业应于规定的时间内通过公路水路行业安全生产风险管理系统予以销号	《公路水路行业安全生产风险管理暂行办法》(交安监发〔2017〕60号)第三十六条规定:重大风险经评估确定等级降低或解除的,生产经营单位应于5个工作日内通过公路水路行业安全生产风险管理系统予以销号	**查资料、系统:** 1.重大风险定期评估报告; 2.重大风险等级降低或解除后销号记录	2	1.未对重大风险进行定期评估的,不得分; 2.重大风险等级降低或解除后,未在5个工作日内通过公路水路行业安全生产风险管理系统予以销号的,扣1分	

续上表

评价类目	评价项目		释义	评价方法	标准分值	评价标准	得分
十、风险管理(60分)	6.预测预警	①企业应根据生产经营状况、安全风险管理及隐患排查治理、事故等情况,运用定量或定性的安全生产预测预警技术,建立企业安全生产状况及发展趋势的安全生产预测预警机制	预测预警是通过安全风险管理及隐患排查治理,查找导致危险前兆的根源,控制危险事态的进一步发展或将危险事件扼杀于萌芽状态,以减少危机的发生或降低危机危害程度的过程。预测预警的目的是当风险因素达到预警条件的,企业应及时发出预警信息,并立即采取针对性措施,防范安全生产事故发生;减少危机的发生或降低危机的破坏程度,实现企业的持续经营	**查资料:** 包含预测预警内容的文件。 **现场检查:** 定量或定性的安全生产预测预警技术	5	1. 制度中未包含预测预警要求,不得分; 2. 未运用定量或定性的安全生产预测预警技术,扣2分;定量或定性的安全生产预测预警技术不适用的,扣2分; 3. 未开展预测预警活动,扣3分; 4. 对安全生产预测预警机制未定期评审,扣1分; 5. 未根据评审结果予以改进的,扣1分	

续上表

评价类目	评价项目		释　义	评价方法	标准分值	评价标准	得分
十、风险管理(60分)	6.预测预警	②当风险因素达到预警条件的，企业应及时发出预警信息，并立即采取针对性措施，防范安全生产事故发生	当风险因素达到预警条件时，企业应及时发出预警信息，并根据重大风险应急预案立即启动一级预案，按照应急预案要求采取针对性控制措施，防范安全生产事故发生	**查资料：** 1. 发出预警信息的风险因素达到预警条件的规定文件； 2. 启动应急预案的相关记录； 3. 针对性措施的相关记录和台账	3	1. 未对风险因素达到预警条件进行设定的，每处扣1分； 2. 达到预警条件未发出预警的，每处扣1分； 3. 未采取针对性控制、应急措施的，不得分； 4. 无采用相关针对性措施的记录，每处扣1分	

续上表

评价类目	评价项目		释　义	评价方法	标准分值	评价标准	得分
十一、隐患排查和治理(50分)	1.隐患排查	①企业应落实隐患排查治理和防控责任制,组织事故隐患排查治理工作,实行从隐患排查、记录、监控、治理、销账到报告的闭环管理	《中华人民共和国安全生产法》第三十八条规定:生产经营单位应当建立健全生产安全事故隐患排查治理制度,采取技术、管理措施,及时发现并消除事故隐患。 《公路水路行业安全生产隐患治理管理暂行办法》(交安监发〔2017〕60号)第九条规定:生产经营单位应当建立健全隐患排查、告知(预警)、整改、评估验收、报备、奖惩考核、建档等制度,逐级明确隐患治理责任,落实到具体岗位和人员。 企业应依据有关法律法规、标准规范等,制定隐患排查治理和防控制度,实行从隐患排查、记录、监控、治理、销账到报告的闭环管理	**查资料:** 隐患排查治理制度	5 ★★★	1.制定隐患排查治理制度; 2.明确隐患排查治理的责任部门和人员; 3.制度中明确隐患排查方法、记录、监控、治理、销账和报告等要求	

续上表

评价类目	评价项目		释义	评价方法	标准分值	评价标准	得分
十一、隐患排查和治理(50分)	1. 隐患排查	②企业应依据有关法律法规、标准规范等,组织制定各部门、岗位、场所、设备设施的隐患排查治理标准或排查清单,明确隐患排查的时限、范围、内容和要求,并组织开展相应的培训。隐患排查的范围应包括所有与生产经营相关的场所、人员、设备设施和活动,包括承包商和供应商等相关服务范围	依据《安全生产事故隐患排查治理暂行规定》(国家安全生产监督管理总局令第16号)《公路水路行业安全生产隐患治理管理暂行办法》(交安监发〔2017〕60号)要求,组织制定各部门、岗位、场所、设备设施的隐患排查治理标准或排查清单,明确隐患排查的时限、范围、内容和要求,并组织开展相应的培训。隐患排查的范围应包括所有与生产经营相关的场所、人员、设备设施和活动,包括承包商和供应商等相关服务范围	**查资料:** 1. 隐患排查治理标准或排查清单; 2. 隐患排查方案; 3. 隐患排查培训记录	5 AR	1. 未制定各部门、岗位、场所、设备设施隐患排查治理标准或排查清单,扣2分,每缺一项扣0.5分; 2. 未制定隐患排查方案,扣1分,未明确隐患排查的范围、时限、内容和要求等,每缺一项扣0.5分; 3. 隐患排查的范围未包括所有与生产经营相关的场所、环境、人员、设备设施和活动,每缺一项扣1分; 4. 无隐患排查培训记录,扣2分;记录不完整,每处扣1分	

续上表

评价类目	评价项目		释　义	评价方法	标准分值	评价标准	得分
十一、隐患排查和治理(50分)	1.隐患排查	③生产经营单位应当建立事故隐患日常排查、定期排查和专项排查工作机制。日常排查每周应不少于1次,定期排查每半年应不少于1次,并根据政府及有关管理部门安全工作的专项部署、季节性变化或安全生产条件变化情况进行专项排查	《公路水路行业安全生产隐患治理管理暂行办法》(交安监发〔2017〕60号)第十一条规定:生产经营单位应当建立隐患日常排查、定期排查和专项排查工作机制,明确隐患排查的责任部门和人员、排查范围、程序、频次、统计分析、效果评价和评估改进等要求,及时发现并消除隐患。 第十二条规定:日常排查每周应不少于1次。 第十三条规定:隐患专项排查是生产经营单位在一定范围、领域组织开展的针对特定隐患的排查,一般包括:	**查资料:** 隐患排查记录	5	1.未开展事故隐患日常排查、定期排查和专项排查工作,每缺一项,扣2分; 2.日常排查每周少于1次,每缺一次扣1分; 3.定期排查每半年少于1次,每缺一次扣1分; 4.未根据政府及有关管理部门安全工作的专项部署、季节性变化或安全生产条件变化情况进行专项排查的记录,每缺一次扣1分	

续上表

评价类目	评价项目		释　义	评价方法	标准分值	评价标准	得分
十一、隐患排查和治理(50分)	1.隐患排查		(一)根据政府及有关管理部门安全工作专项部署,开展针对性的隐患排查; (二)根据季节性、规律性安全生产条件变化,开展针对性的隐患排查; (三)根据新工艺、新材料、新技术、新设备投入使用对安全生产条件形成的变化,开展针对性的隐患排查; (四)根据安全生产事故情况,开展针对性的隐患排查。 第十四条规定:定期排查每半年应不少于1次				

续上表

评价类目	评价项目		释义	评价方法	标准分值	评价标准	得分
十一、隐患排查和治理(50分)	1.隐患排查	④企业应填写事故隐患排查记录,依据确定的隐患等级划分标准对发现或排查出的事故隐患进行判定,确定事故隐患等级并进行登记,形成事故隐患清单。企业应将重大事故隐患向属地负有安全生产监督管理职责的交通运输管理部门备案	企业应根据《公路水路行业安全生产隐患治理管理暂行办法》(交安监发〔2017〕60 号)中重大隐患的判定原则,制定企业重大隐患判定标准,依据确定的隐患等级划分标准对发现或排查出的事故隐患进行判定,确定事故隐患等级并进行登记,形成事故隐患清单。 企业应通过系统将重大事故隐患向属地负有安全生产监督管理职责的交通运输管理部门备案	**查资料:** 1. 隐患等级判定标准; 2. 事故隐患清单; 3. 重大事故隐患向属地负有安全生产监督管理职责的交通运输管理部门备案记录	5 ★★	1. 未建立隐患等级判定标准,扣 2 分; 2. 未对发事故隐患等级进行判定,扣 2 分; 3. 未形成事故隐患清单,扣 3 分;事故隐患清单与隐患排查记录不一致,每处扣 1 分; 4. 重大事故隐患未向属地负有安全生产监督管理职责的交通运输管理部门备案,扣 2 分	

续上表

评价类目	评价项目		释义	评价方法	标准分值	评价标准	得分
十一、隐患排查和治理(50分)	2.隐患治理	①对于一般事故隐患,企业应按照职责分工立即组织整改,确保及时进行治理	《中华人民共和国安全生产法》第十八条中规定:督促、检查本单位的安全生产工作,及时消除生产安全事故隐患。 《公路水路行业安全生产隐患治理管理暂行办法》(交安监发〔2017〕60号)第十九条规定:生产经营单位应对排查出的隐患立即组织整改,隐患整改情况应当依法如实记录,并向从业人员通报。故对于一般事故隐患,企业应按照职责分工立即组织整改,做到定治理措施、定负责人、定资金来源、定治理期限、定预案,确保及时进行治理	**查资料:** 隐患治理记录	5	1. 未及时组织隐患治理或整改不到位,每处扣1分; 2. 未明确隐患治理责任人、制定治理措施、资金、时限的,缺一项扣1分	

续上表

评价类目	评价项目		释　义	评价方法	标准分值	评价标准	得分
十一、隐患排查和治理(50分)	2.隐患治理	②对于重大事故隐患,企业主要负责人组织制定专项隐患治理整改方案,并确保整改措施、责任、资金、时限和预案“五到位”。整改方案应包括: a.整改的目标和任务; b.整改方案和整改期的安全保障措施; c.经费和物资保障措施; d.整改责任部门和人员; e.整改时限及节点要求; f.应急处置措施; g.跟踪督办及验收部门和人员	《公路水路行业安全生产隐患治理管理暂行办法》(交安监发〔2017〕60号)第二十二条规定:重大隐患整改应制定专项方案,包括以下内容: (一)整改的目标和任务; (二)整改技术方案和整改期的安全保障措施; (三)经费和物资保障措施; (四)整改责任部门和人员; (五)整改时限及节点要求; (六)应急处置措施; (七)跟踪督办及验收部门和人员。 《安全生产事故隐患排查治理暂行规定》(国家安全生产监督管理总局令第16号)规定:企业应当按照国家有关规定将本单位重大危险源及有关安全措施、应急措施,报负有安全生产监督管理的部门和有关部门备案,做到整改措施、责任、资金、时限和预案“五到位”	**查资料:** 1.重大隐患清单; 2.专项隐患治理整改方案和记录	5 AR	1.未建立重大隐患清单,扣1分; 2.未针对重大隐患组织制定专项隐患治理整改方案,每缺一项扣1分; 3.整改专项方案不符合要求,每处扣1分; 4.无确保整改措施、责任、资金、时限和预案“五到位”记录,每缺一项扣1分	

续上表

评价类目	评价项目		释义	评价方法	标准分值	评价标准	得分
十一、隐患排查和治理(50分)	2.隐患治理	③企业在事故隐患整改过程中,应采取相应的监控防范措施,防止发生次生事故	《公路水路行业安全生产隐患治理管理暂行办法》(交安监发〔2017〕60号)第二十一条规定:生产经营单位在隐患整改过程中,应当采取相应的安全防范措施,防范发生安全生产事故	**查资料:** 企业在事故隐患整改过程中,采取相应的监控防范措施的记录和证据	5	1. 未建立事故隐患整改过程中监控防范措施记录,不得分;记录不完整,每处扣1分; 2. 发生次生事故的,扣3分	
		④事故隐患整改完成后,企业应按规定进行验证或组织验收,出具整改验收结论,并签字确认。重大事故隐患整改验收通过的,企业应将验收结论向属地负有安全生产监督管理职责的交通运输管理部门报备,并申请销号	《公路水路行业安全生产隐患治理管理暂行办法》(交安监发〔2017〕60号)第二十条规定:一般隐患整改完成后,应由生产经营单位组织验收,出具整改验收结论,并由验收主要负责人签字确认。第二十四条规定:重大隐患整改验收通过的,生产经营单位应将验收结论向属地负有安全生产监督管理职责的交通运输管理部门报备,并申请销号	**查资料:** 隐患整改验收记录。 **查系统:** 1. 重大事故隐患报备资料; 2. 销号申请记录和申报材料	5 ★★★	1. 一般隐患整改完成后,生产经营单位应组织验收; 2. 保留整改验收记录; 3. 验收人应签字确认; 4. 重大事故隐患整改验收通过的,企业应将验收结论向属地负有安全生产监督管理职责的交通运输管理部门报备;	

续上表

评价类目	评价项目		释义	评价方法	标准分值	评价标准	得分
十一、隐患排查和治理(50分)	2.隐患治理					5.报备申请材料应包括:重大隐患基本情况及整改方案、重大隐患整改过程、验收机构或验收组基本情况、验收报告及结论; 6.保留销号申请记录	
		⑤企业应对重大事故隐患形成原因及整改工作进行分析评估,及时完善相关制度和措施,依据有关规定和制度对相关责任人进行处理,并开展有针对性的培训教育	《公路水路行业安全生产隐患治理管理暂行办法》(交安监发〔2017〕60号)第二十五条规定:重大隐患整改验收完成后,生产经营单位应对隐患形成原因及整改工作进行分析评估,及时完善相关制度和措施,依据有关规定和制度对相关责任人进行处理,并开展有针对性的培训教育	**查资料:** 1.重大隐患分析评估记录; 2.对相关制度和措施修改完善记录; 3.相关责任人处理记录; 4.开展针对性的培训教育的记录	5	1.未对隐患形成原因及整改工作进行分析评估的,不得分; 2.无分析评估记录的,扣3分;记录不完整,每处扣1分; 3.未根据分析评估结果,对相关制度和措施修改完善,每处扣1分; 4.未依据规定和制度对相关责任人处理的,扣2分; 5.未开展针对性的培训教育的,扣2分	

续上表

评价类目	评价项目		释　　义	评价方法	标准分值	评价标准	得分
十一、隐患排查和治理(50分)	2.隐患治理	⑥企业应对事故隐患排查治理情况如实记录,建立相关台账,并定期组织对本单位事故隐患治理情况进行统计分析,及时梳理、发现安全生产问题和趋势,形成统计分析报告,改进安全生产工作	《公路水路行业安全生产隐患治理管理暂行办法》(交安监发〔2017〕60号)第十七条规定:生产经营单位应认真填写隐患排查记录,形成隐患排查工作台账,包括排查对象或范围、时间、人员、安全技术状况、处理意见等内容,经隐患排查直接责任人签字后妥善保存。第二十六条规定:生产经营单位应当根据生产经营活动特点,定期组织对本单位隐患治理情况进行统计分析,及时梳理、发现安全生产苗头性问题和规律,形成统计分析报告,改进安全生产工作	**查资料:** 1.隐患排查工作台账; 2.隐患治理情况进行统计分析记录	5	1.隐患排查记录不完整,无人签字或签字不全的,每处扣1分; 2.隐患排查工作档案不完整、不规范;缺治理方案、控制措施、评估报告书、验收报告等过程记录,每处扣1分,未及时归档保存,每处扣1分; 3.未进行统计分析的,扣3分; 4.未根据统计分析改进安全生产工作,扣2分	

续上表

评价类目	评价项目		释义	评价方法	标准分值	评价标准	得分
十二、职业健康(20分)	1.健康管理	①企业应落实职业病防治主体责任,按规定设置职业健康管理机构和配备专(兼)职管理人员;落实职业病危害告知、日常监测、定期报告和防护保障等制度措施	《中华人民共和国职业病防治法》规定:用人单位应当采取下列职业病防治管理措施: (一)设置或者指定职业卫生管理机构或者组织,配备专职或者兼职的职业卫生管理人员,负责本单位的职业病防治工作; (二)制定职业病防治计划和实施方案; (三)建立、健全职业卫生管理制度和操作规程; (四)建立、健全职业卫生档案和劳动者健康监护档案; (五)建立、健全工作场所职业病危害因素监测及评价制度; (六)建立、健全职业病危害事故应急救援预案。	**查资料:** 1.设置职业健康管理机构或任命管理人员文件; 2.职业卫生管理制度; 3.企业职业卫生档案; 4.日常管理活动(包括参加活动、日常检查监测、发现问题整改等)	5	1.未设置职业健康管理机构或未指定专(兼)职人员的,不得分; 2.人员专业能力不满足要求的,每人次扣2分; 3.未建立职业卫生管理制度的,不得分;制度不完善,每处扣1分; 4.未开展日常管理活动的,每缺一项扣1分; 5.未向劳动者告知工作过程中可能产生的职业病危害及其后果的,每少1人扣1分; 6.无日常检查、监测及发现问题整改记录的,每处扣1分	

续上表

评价类目	评价项目		释　　义	评价方法	标准分值	评价标准	得分
十二、职业健康(20分)	1.健康管理		《中华人民共和国职业病防治法》第三十三条规定:用人单位与劳动者订立劳动合同(含聘用合同,下同)时,应当将工作过程中可能产生的职业病危害及其后果、职业病防护措施和待遇等如实告知劳动者,并在劳动合同中写明,不得隐瞒或者欺骗。 劳动者在已订立劳动合同期间因工作岗位或者工作内容变更,从事与所订立劳动合同中未告知的存在职业病危害的作业时,用人单位应当依照前款规定,向劳动者履行如实告知的义务,并协商变更原劳动合同相关条款				

续上表

评价类目	评价项目		释　　义	评价方法	标准分值	评价标准	得分
十二、职业健康(20分)	1.健康管理	②提供符合职业卫生要求的工作环境和条件;应按规定组织有关从业人员进行职业健康检查,并建立有关从业人员职业健康档案	《中华人民共和国职业病防治法》第四条规定:劳动者依法享有职业卫生保护的权利。用人单位应当为劳动者创造符合国家职业卫生标准和卫生要求的工作环境和条件,并采取措施保障劳动者获得职业卫生保护。工会组织依法对职业病防治工作进行监督,维护劳动者的合法权益。用人单位制定或者修改有关职业病防治的规章制度,应当听取工会组织的意见。 第三十五条规定:对从事接触职业病危害的作业的劳动者,用人单位应当按照国务院安全生产监督管理部门、卫生行政部门的规定组织上岗前、在岗期间和离岗时的职业健康检查,并将检查结果书面告知劳动者。职业健康检查费用由用人单位承担。	**查资料:** 1.职业健康检查记录; 2.存在职业危害的作业场所的从业人员健康监护档案。 **现场检查:** 存在职业危害的作业场所预防措施落实情况	5	1.存在职业危害的作业场所防护设施和环境不符合法规及标准规范要求的,每处扣2分; 2.未对职业危害岗位人员进行上岗前、在岗期间和离岗时的职业健康检查的,每缺一人扣1分; 3.未建立从业人员健康监护档案的,每缺一人扣1分	

续上表

评价类目	评价项目		释义	评价方法	标准分值	评价标准	得分
十二、职业健康(20分)	1.健康管理		第三十六条规定:用人单位应当为劳动者建立职业健康监护档案,并按照规定的期限妥善保存				
		③企业应按规定对存在或者可能产生职业病危害的工作场所、作业岗位、设备、设施设置警示标识和中文警示说明	《中华人民共和国职业病防治法》第二十四条规定:产生职业病危害的用人单位,应当在醒目位置设置公告栏,公布有关职业病防治的规章制度、操作规程、职业病危害事故应急救援措施和工作场所职业病危害因素检测结果。 对产生严重职业病危害的作业岗位,应当在其醒目位置,设置警示标识和中文警示说明。警示说明应当载明产生职业病危害的种类、后果、预防以及应急救治措施等内容	**现场检查:** 1.职业危害场所警示标识和警示说明; 2.产生职业病危害的用人单位,在醒目位置设置公告栏,公布有关职业病防治的规章制度、操作规程、职业病危害事故应急救援措施和工作场所职业病危害因素检测结果	5 AR	1.对存在严重职业危害的作业岗位未设置职业危害警示标志和警示说明的,不得分; 2.警示标志和说明不完整、破损或褪色,每处扣0.5分; 3.警示标志和说明内容(含职业危害的种类、后果、预防以及应急救治措施等)不全的,每处扣0.5分;	

续上表

评价类目	评价项目		释　义	评价方法	标准分值	评价标准	得分
十二、职业健康(20分)	1.健康管理					4.产生职业病危害的用人单位,未在醒目位置设置公告栏,公布有关职业病防治的规章制度、操作规程、职业病危害事故应急救援措施和工作场所职业病危害因素检测结果的,每处扣0.5分	
	2.职业危害申报	企业应按规定及时、如实向当地主管部门申报运营过程中存在的职业病危害因素,并接受其监督	《中华人民共和国职业病防治法》第十六条规定:国家建立职业病危害项目申报制度。 用人单位工作场所存在职业病目录所列职业病的危害因素的,应当及时、如实向所在地安全生产监督管理部门申报危害项目,接受监督	**查资料:** 1.作业场所职业病危害申报记录; 2.企业接受所在地职业卫生监督管理部门监督记录	5	1.存在职业病危害因素的用人单位未进行作业场所职业病危害申报的,不得分; 2.针对主管部门提出的整改措施未及时整改的,每处扣1分	

续上表

评价类目	评价项目		释　义	评价方法	标准分值	评价标准	得分
十三、安全文化(30分)	1.安全环境	①设立安全文化廊、安全角、黑板报、宣传栏等员工安全文化阵地	所称“安全文化”是指被企业组织的员工群体所共享的安全价值观、态度、道德和行为规范组成的统一体。加强安全教育基地建设,充分利用电视、互联网、报纸、广播等多种形式和手段普及安全常识,增强全社会科学发展、安全发展的思想意识是每一个企业责任和义务。企业按照《企业安全文化建设导则》(AQ/T 9004—2008)要求,从思想上、心态上去宣传、教育、引导,不断向员工灌输“以人为本,安全第一”“安全就是效益、安全创造效益”“行为源于认识,预防胜于处罚,责任重于泰山”“安全不是为了别人,而是为了你自己”安全价值观,形成人人重视安全,人人为安全尽责的良好氛围。应从制度上明确企业安全文化宣传的频率,内容和方式,从而促使企业自觉主动开展安全文化创建活动	**查资料:** 安全文化宣传资料。 **现场检查:** 安全文化阵地	5	1. 未设立安全文化廊、安全角、黑板报、宣传栏等员工安全文化阵地的,不得分; 2. 安全文化阵地内容未做到每月更新一次的,扣1分	

续上表

评价类目	评价项目		释义	评价方法	标准分值	评价标准	得分
十三、安全文化(30分)	1.安全环境	②公开安全生产举报电话号码、通信地址或者电子邮件信箱。对接到的安全生产举报和投诉及时予以调查和处理,并公开处理结果	加强对安全生产违法违规行为监督管理对于减少和杜绝安全生产"三违"行为有着十分重要意义。企业要充分发挥广大职工的参与作用,依法维护和落实企业职工对安全生产的参与权与监督权,鼓励职工监督举报各类安全隐患,对处理结果要及时公开,起到警示警醒的作用	**查资料:** 1.安全生产举报投诉及调查管理制度; 2.安全生产举报投诉记录; 3.处理结果公开记录。 **现场检查:** 1.安全生产举报、投诉电话号码、通信地址或电子邮箱等安全生产举报投诉渠道; 2.是否公开了调查处理结果	5 AR	1.未建立安全生产举报投诉制度,扣2分; 2.未公开安全生产举报投诉渠道,扣2分; 3.对接到的安全生产举报和投诉未及时调查和处理,每次扣2分; 4.处理结果未公开的,每次扣0.5分	

续上表

评价类目	评价项目		释义	评价方法	标准分值	评价标准	得分
十三、安全文化(30分)	2.安全行为	①企业应建立包括安全价值观、安全愿景、安全使命和安全生产目标等在内的安全承诺	本条所称“安全承诺”是指由企业公开做出的、代表了全体员工在关注安全和追求安全绩效方面所具有的稳定意愿及实践行动的明确表示。安全承诺就是兑现落实安全生产责任,并通过公开承诺这种形式约束和规范自身的行为,接受政府、社会和从业人员的监督	**查资料:** 1. 开展安全承诺活动的记录; 2. 安全生产承诺书。 **询问:** 抽查从业人员是否了解安全承诺内容	5 ★	1. 未开展安全承诺活动,不得分; 2. 未签订安全承诺书,每人次扣1分; 3. 从业人员不了解安全承诺内容的,每人次扣1分	
		②企业应结合企业实际编制员工安全知识手册,并发放到职工	编制员工安全知识手册是宣传安全文化的一个重要载体,也是企业规范员工安全行为的一项重要措施,企业应该按照有关规定编制安全知识手册,并发放到每位员工。目的在于让所有从业人员时刻保持安全警钟长鸣,让安全意识常增,让企业发展常安	**查资料:** 1. 企业安全知识手册; 2. 安全知识手册发放记录。 **询问:** 抽查从业人员对本岗位相关的安全知识手册内容是否熟悉	5	1. 未编制安全知识手册,不得分; 2. 无发放记录,扣2分; 3. 从业人员不了解本岗位相关安全知识手册内容,每人次扣1分	

续上表

评价类目	评价项目		释义	评价方法	标准分值	评价标准	得分
十三、安全文化(30分)	2.安全行为	③企业应组织开展安全生产月活动、安全生产班组竞赛活动,有方案、有总结	每年6月我国各大部委都要组织开展安全生产月活动,安全生产月活动及有关安全生产竞赛活动已成为安全生产管理过程中的一项重要活动。通过活动营造安全生产氛围,进一步强化企业安全管理,增强从业人员的安全意识,促进企业安全生产的持续稳定。 企业应按国家、有关上级部门和行业主管部门要求,结合企业制度和实际,制定本企业的活动方案,明确指导思想、活动主题、领导组织机构、具体内容和总结上报等活动要求	**查资料:** 1. 安全生产月活动和安全生产班组竞赛活动的方案; 2. 相关活动记录; 3. 活动总结	5	1. 未制定安全生产月活动、安全生产班组竞赛活动方案的,每处扣1分; 2. 未按方案开展相关活动的,每处扣1分; 3. 未对相关活动进行总结,每处扣2分	

续上表

评价类目	评价项目		释义	评价方法	标准分值	评价标准	得分
十三、安全文化(30分)	2.安全行为	④企业应对安全生产进行检查、评比、考评,总结和交流经验,推广安全生产先进管理方法,对在安全工作中做出显著成绩的集体、个人给予表彰、奖励,并与其经济利益挂钩	对安全生产进行多种形式的检查,有利于企业各部门、基层单位发现和整改安全隐患,通过评比、考评,有利于优秀集体或个人脱颖而出。通过对优秀集体或个人的好的安全管理经验进行总结,一方面使优者将其好的做法和经验进行提升、固化,另一方面更有利于其他集体或个人进行学习,促进其安全绩效的不断改进和企业整体安全管理水平的不断提升。 至少每年对在安全工作中做出显著成绩的集体、个人给予一次表彰和奖励,并与其经济利益挂钩。一方面对优秀集体和个人的安全管理和安全行为的充分肯定和鼓励,有利于其继续保持良好的作风和传统;另一方面,有利于充分发挥优秀集体和个人的榜样和典范作用	**查资料:** 1. 安全生产评比、奖励制度; 2. 总结和交流经验,推广安全生产先进管理方法的记录; 3. 奖励表彰记录; 4. 与员工个人经济利益挂钩记录	5	1. 未建立安全生产评比、奖励制度,扣2分; 2. 未开展总结和交流经验,推广安全生产先进管理方法活动的,扣2分; 3. 未按规定对安全工作中做出显著成绩的集体、个人给予进行表彰、奖励的,扣3分; 4. 未与员工个人经济利益挂钩的,扣2分	

续上表

评价类目	评价项目		释义	评价方法	标准分值	评价标准	得分
十四、应急管理(70分)	1. 预案制定	①企业应在开展安全风险评估和应急资源调查的基础上,建立生产安全事故应急预案体系,制定符合GB/T 29639—2013规定的生产安全事故应急预案,针对安全风险较大的重点场所(设施)制定现场处置方案,并编制重点岗位、人员应急处置卡	生产安全事故应急救援预案,是指生产经营单位根据本单位的实际情况,针对可能发生的事故的类别、性质、特点和范围等情况制定的事故发生时的组织、技术措施和其他应急措施	**查资料:** 1. 安全风险评估报告和应急资源调查报告; 2. 生产安全事故应急预案,包括综合预案、专项预案和现场处置方案; 3. 重点岗位、人员应急处置卡	10 AR	1. 未编制安全风险评估报告和应急资源调查报告,每项扣1分; 2. 生产安全事故应急预案体系不完整,每处扣2分; 3. 现场处置方案不全,每处扣2分; 4. 重点岗位、人员应急处置卡不全,或处置卡信息不完整,每处扣1分	

续上表

评价类目	评价项目		释义	评价方法	标准分值	评价标准	得分
十四、应急管理(70分)	1.预案制定	②应急预案应与当地政府、行业管理部门预案保持衔接，报当地有关部门备案，通报有关协作单位	根据《企业安全生产标准化基本规范》和《关于进一步加强企业安全生产工作的通知》，企业应急预案应根据有关规定报当地主管部门备案，与当地政府应急预案保持衔接，通报有关应急协作单位，并定期进行演练	**查资料:** 1. 获取的当地政府、行业管理部门的应急预案； 2. 应急预案报当地有关部门备案的记录； 3. 应急预案通报有关协作单位的记录	5	1. 应急预案未与行业主管部门、政府预案保持衔接，扣3分； 2. 应急预案未按规定备案，扣2分； 3. 应急预案未通报有关协作单位，扣2分； 4. 未与协作单位协调联动，扣2分	
		③企业应组织开展应急预案评审或论证，并定期进行评估和修订	根据《企业安全生产标准化基本规范》和《生产安全事故应急预案管理办法》，应急预案应定期评审，并根据评审结果或实际情况的变化进行修订和完善，至少每三年修订一次，预案修订情况应有记录并归档	**查资料:** 1. 应急预案评审管理制度； 2. 应急预案评审记录：包括评审会议签到表、应急预案评审记录、结论等； 3. 应急预案修订记录	5 ★★	1. 未建立应急预案评审管理制度，扣2分； 2. 未按规定对应急预案进行评审，不得分； 3. 未保留评审记录，扣3分；记录不完整，每处扣1分； 4. 未根据评审情况对预案进行修改完善，扣3分； 5. 应急预案修订后，未向事先报备或通报的单位或部门报告，扣2分	

续上表

评价类目	评价项目		释义	评价方法	标准分值	评价标准	得分
十四、应急管理(70分)	2.应急队伍	①企业应按照有关规定建立应急管理组织机构或指定专人负责应急管理工作,建立与本企业安全生产特点相适应的专(兼)职应急救援队伍	根据《企业安全生产标准化基本规范》规定:企业应建立与本单位安全生产特点相适应的专(兼)职应急救援队伍,或指定专(兼)职应急救援人员	**查资料:** 1.建立应急管理组织机构或专(兼)职应急救援队伍的文件; 2.应急管理组织机构或专(兼)职应急救援队伍职责; 3.应急救援人员名单。 **询问:** 抽查应急救援人员验证联系方式	5	1.未建立应急管理组织机构或专(兼)职应急救援队伍,不得分; 2.未明确相应的专(兼)职应急救援队伍的组成、职责,不得分; 3.未汇总应急救援人员的岗位、姓名、联系方式,扣2分; 4.应急救援人员名单中联系方式等信息不准确,每人次扣1分	
		②企业应组织应急救援人员日常训练	《企业安全生产标准化基本规范》规定:企业应建立与本单位安全生产特点相适应的专(兼)职应急救援队伍,或指定专(兼)职应急救援人员,并组织训练;无须建立应急救援队伍的,可与附近具备专业资质的应急救援队伍签订服务协议	**查资料:** 1.应急救援人员日常训练计划; 2.应急救援人员日常训练记录,包括签到表、训练记录、训练效果评价记录	5	1.未制定应急救援人员日常训练计划,扣3分;内容不完整,每处扣1分; 2.未按计划组织应急救援人员训练,扣3分; 3.日常训练记录不完整,每处扣1分	

续上表

评价类目	评价项目		释义	评价方法	标准分值	评价标准	得分
十四、应急管理(70分)	3.应急物资	①企业应根据可能发生的事故种类特点,按照有关规定设置应急设施,配备应急装备,储备应急物资	应急装备是指用于应急管理与应急救援的工具、器材、服装、技术力量等。 《企业安全生产标准化基本规范》规定:企业应按规定建立应急设施,配备应急装备	**查资料:** 应急物资购置、更新、发放记录。 **现场检查:** 救援应急物资、装备储备场所;配备应急物资/装备的种类、数量	5 AR	1. 未按规定配备救援应急物资、装备,每差一项扣1分; 2. 未及时配置和更新应急物资,每缺少一项扣0.5分; 3. 现场应急物资、装备与清单不符,每处扣1分	
		②企业应建立管理台账,安排专人管理,并定期检查、维护,确保其完好、可靠	《生产安全事故应急预案管理办法》规定:生产经营单位应当按照应急预案的要求配备相应的应急物资及装备,建立使用状况档案,定期检测和维护,使其处于良好状态	**查资料:** 1. 应急物资、装备台账/档案; 2. 专人管理要求; 3. 应急物资、装备定期检查、检测、维护记录。 **现场检查:** 应急物资、装备的使用状态	5	1. 未建立应急物资、装备检查检测、维护、使用状况的台账/档案,扣3分,台账/档案不完整,每处扣1分; 2. 未明确专人管理要求,未落实职责的,扣2分; 3. 未保留应急物资、装备检查检测、维护、使用状况记录,每缺一项扣1分; 4. 现场检查,应急物资装备未处于完好状态,每处扣1分	

续上表

评价类目	评价项目		释　义	评价方法	标准分值	评价标准	得分
十四、应急管理(70分)	4.应急演练	①企业应按照《生产安全事故应急演练指南》(AQ/T 9007—2011)的规定定期组织公司(厂)、车间(工段、区、队、船、项目部)、班组开展生产安全事故应急演练,做到一线从业人员参与应急演练全覆盖	应急预案演练是指针对可能发生的事故、按照应急预案规定的程序和要求所进行的程序化模拟训练演练。 《生产安全事故应急预案管理办法》规定:生产经营单位应当制定本单位的应急预案演练计划,根据本单位的事故预防重点,每年至少组织一次综合应急预案演练或者专项应急预案演练,每半年至少组织一次现场处置方案演练	**查资料:** 1. 应急预案演练计划; 2. 应急预案演练记录,包括应急预案演练通知、演练方案、演练签到表、演练过程记录及影像资料	10 ★★★	1. 制定应急预案演练计划; 2. 组织开展应急演练,保留应急演练记录,包括应急预案演练通知、演练方案、演练签到表、演练过程记录及影像资料; 3. 应急演练记录应完整、齐全,真实	

续上表

评价类目	评价项目		释义	评价方法	标准分值	评价标准	得分
十四、应急管理(70分)	4.应急演练	②企业应按照《生产安全事故应急演练评估规范》(AQ/T 9009—2015)的规定对演练进行总结和评估,根据评估结论和演练发现的问题,修订、完善应急预案,改进应急准备工作	《生产安全事故应急预案管理办法》规定:应急预案演练结束后,应急预案演练组织单位应当对应急预案演练效果进行评估,撰写应急预案演练评估报告,分析存在的问题,并对应急预案提出修订意见	**查资料:** 1.对应急演练进行总结、评估的规定(明确责任人和要求); 2.应急演练总结、评审记录; 3.演练发现问题的分析整改资料; 4.应急预案修订记录	5	1.未明确对应急演练进行总结、评估规定(明确责任人和要求)的,扣2分; 2.应急演练后未进行总结评估的,扣2分; 3.评估总结记录不完整,每处扣1分; 4.问题分析整改资料不完整,每处扣1分; 5.未针对问题对应急预案提出修订意见,并及时修订的,扣3分	

续上表

评价类目	评价项目		释义	评价方法	标准分值	评价标准	得分
十四、应急管理(70分)	5. 应急处置	发生事故后,企业应根据预案要求,立即启动应急响应程序,按照有关规定报告事故情况,并开展先期处置	《生产安全事故应急预案管理办法》规定:生产经营单位发生事故后,应当及时启动应急预案,组织有关力量进行救援,并按照规定将事故信息及应急预案启动情况报告安全生产监督管理部门和其他负有安全生产监督管理职责的部门	**查资料:** 1. 事故报告记录; 2. 现场处置记录	5	1. 发生事故后,未按规定及时启动应急预案,未实施现场应急处置的,不得分; 2. 应急预案不能起到快速反应,迅速处置,避免人员伤亡、减少财产损失、降低环境污染程度,扣3分	
	6. 应急评估	①企业应对应急准备、应急处置工作进行评估	应急准备评估是对政府、生产经营单位的应急管理机构、应急预案编制、应急培训、应急演练、应急队伍、应急资源等进行评估,以确保其具备相应的应急准备能力、保存其持续改进机制,并形成书面报告的活动	**查资料:** 1. 应急准备、应急处置评估管理规定; 2. 应急准备、应急处置评估计划,可包括动态评估、静态评估; 3. 应急准备、应急处置评估记录、评估报告; 4. 评估发现问题的整改、落实资料	5 ★	1. 未制定应急准备、应急处置评估相关规定,扣2分; 2. 未按计划开展应急准备、应急处置评估,评估报告内容不全,每处扣1分; 3. 应急准备、应急处置评估记录、问题整改记录不完整,每处扣1分	

续上表

评价类目	评价项目		释义	评价方法	标准分值	评价标准	得分
十四、应急管理(70分)	6.应急评估	②运输、储存危险物品或处置废弃危险物品的企业,应每年进行一次应急准备评估	安全生产应急准备评估指南中要求被评估单位至少每年组织一次安全生产应急准备评估,所编制的评估报告应针对评估过程中发现的问题制定整改措施,并组织落实	**查资料:** 1. 年度应急准备评估计划; 2. 年度应急准备评估记录、评估报告; 3. 评估发现问题、整改措施及落实资料	3	1. 未制定年度应急准备评估计划,扣1分; 2. 未按计划安排组织应急准备评估,扣3分; 3. 评估记录、评估报告、评估问题的整改资料不完整,每处扣1分	
		③完成险情或事故应急处置后,企业应主动配合有关组织开展应急处置评估	为了掌握公司应对险情或生产安全事故的情况,对公司应急能力进行评估,找出应急准备、应急处置的薄弱环节。制定相应的措施加强应急能力	**查资料:** 发生险情或事故,采取应急处置措施后,企业主动配合有关组织开展应急处置评估的记录	2	1. 完成事故应急处置后,企业未配合有组织开展应急处置评估,不得分; 2. 完成事故应急处置后,企业配合有组织开展应急处置评估,未保留评估报告,扣1分	

续上表

评价类目	评价项目		释　　义	评价方法	标准分值	评价标准	得分
十五、事故报告调查处理(45分)	1.事故报告	①企业应建立事故报告程序,明确事故内外部报告的责任人、时限、内容等,并教育、指导从业人员严格按照有关规定的程序报告发生的生产安全事故	企业应按照《生产安全事故报告和调查处理条例》规定:事故发生后,事故现场有关人员应当立即向本单位负责人报告;单位负责人接到报告后,应当于1h内向事故发生地县级以上人民政府安全生产监督管理部门和负有安全生产监督管理职责的有关部门报告	**查资料:** 安全生产事故报告程序。 **现场询问:** 抽查从业人员是否了解安全生产事故报告程序	5	1.未建立安全生产事故报告程序,不得分;程序不合规,每处扣2分; 2.从业人员对事故报告程序不清楚,每人次扣1分	
		②发生事故,企业应及时进行事故现场处置,按相关规定及时、如实向有关部门报告,没有瞒报、谎报、迟报情况。并应跟踪事故发展情况,及时续报事故信息	①事故发生后,现场负责人应迅速采取有效措施,组织抢救,防止事故扩大,减少人员伤亡和财产损失; ②及时、准确、如实向有关部门报告,没有瞒报、谎报、迟报情况;	**查资料:** 1.安全生产事故现场处置记录; 2.安全生产事故报告记录	5 ★★★	1.发生事故后,企业应及时进行事故现场处置; 2.按照《生产安全事故报告和调查处理条例》《关于印发港口生产安全事故统计报表制度的通知》(厅水字〔2008〕125号)等规定,及时、准确、如实向有关部门报告安全生产事故,不得有瞒报、谎报、迟报	

续上表

评价类目	评价项目		释义	评价方法	标准分值	评价标准	得分
十五、事故报告调查处理(45分)	1.事故报告		③事故报告应包括下列内容:事故发生概况;事故发生时间、地点以及事故现场情况;事故简要经过;事故已造成或者可能造成的伤亡人数(包括失踪的人数)、水域环境污染情况、初步估计的直接经济损失;已经采取的措施等				
		③企业应跟踪事故发展情况,及时续报事故信息	《生产安全事故报告和调查处理条例》规定:事故报告后出现新情况的,应当及时补报	**查资料:** 安全生产事故续报记录	5	1.未明确及时续报事故信息要求,扣3分; 2.未保留事故续报记录,扣2分,记录不完整,每处扣1分	

续上表

评价类目	评价项目		释　　义	评价方法	标准分值	评价标准	得分
十五、事故报告调查处理(45分)	2.事故调查处理	①企业应建立内部事故调查和处理制度,按照有关规定、行业标准和国际通行做法,将造成人员伤亡(轻伤、重伤、死亡等人身伤害和急性中毒)和财产损失的事故纳入事故调查和处理范畴	按照有关规定、行业标准和国际通行做法,将造成人员伤亡(轻伤、重伤、死亡等人身伤害和急性中毒)和财产损失的事故纳入事故调查和处理范畴	**查资料:** 事故调查和处理制度	5	1.未制定事故调查和处理制度,不得分;制度规定不合理、不完善,每处扣1分; 2.未将造成人员伤亡(轻伤、重伤、死亡等人身伤害和急性中毒)和财产损失的事故纳入事故调查和处理范畴的,每缺一项扣1分	

续上表

评价类目	评价项目		释　义	评价方法	标准分值	评价标准	得分
十五、事故报告调查处理(45分)	2.事故调查处理	②企业应积极配合各级人民政府组织的事故调查,随时接受事故调查组的询问,如实提供有关情况	发生事故后,配合上级部门的事故调查是企业法定责任和义务。企业按照《生产安全事故报告和调查处理条例》配合上级部门,事故调查时应及时如实提供有关情况	**查资料:** 1.事故台账; 2.事故档案	5	1.未按规定成立事故调查组进行内部调查或未积极配合各级人民政府组织的事故调查,不得分; 2.未积极配合事故调查及如实提供有关情况,不得分; 3.未按规定进行调查的,扣3分; 4.未建立事故台账、事故档案,不得分; 5.事故台账和档案资料不完整,每处扣1分	
		③企业应按时提交事故调查报告,分析事故原因,落实整改措施	按照《生产安全事故报告和调查处理条例》要求,按时提交事故调查报告,分析事故原因,落实整改措施	**查资料:** 1.事故调查报告; 2.整改措施资料	5	1.事故调查报告内容不充分,每处扣1分; 2.未及时上报事故调查报告,扣2分	

续上表

评价类目	评价项目		释义	评价方法	标准分值	评价标准	得分
十五、事故报告调查处理(45分)	2.事故调查处理	④发生事故后,企业应及时组织事故分析,并在企业内部进行通报。并应按时提交事故调查报告,分析事故原因,落实整改措施	发生事故后,企业有义务按照"四不放过"原则对事故发生的原因进行分析,分析事故的直接、间接原因和事故责任,提出整改措施和处理建议	**查资料:** 事故原因分析整改措施及落实记录	5	1.未对事故发生的原因进行分析,不得分;资料不完整,每处扣1分; 2.未制定落实整改措施并落实的,每处扣2分; 3.未及时对事故当事人进行各环节、全过程责任倒查及处理,扣2分	
		⑤企业应按"四不放过"原则严肃查处事故,严格追究责任领导和相关责任人。处理结果报上级主管部门备案	查事故档案和事故调查相关记录,看企业按照"四不放过"(事故原因未查清不放过,责任人员未处理不放过,整改措施未落实不放过,有关人员未受到教育不放过)原则进行整改情况	**查资料:** 1.安全生产事故追究制度; 2.事故处理记录; 3.责任追究记录/档案; 4.事故追责处理结果报上级主管部门备案资料	5 ★	1.未制定安全生产事故责任追究制度,不得分;制度不完善,每处扣1分; 2.未按"四不放过"原则进行事故处理,不得分; 3.对责任领导和相关责任人未追究责任的,每人次扣1分; 4.处理结果未报有关部门备案,扣3分	

续上表

评价类目	评价项目		释义	评价方法	标准分值	评价标准	得分
十五、事故报告调查处理(45分)	3. 事故档案管理	企业应建立事故档案和管理台账,将承包商、供应商等相关方在企业内部发生的事故纳入本企业事故管理	《交通运输企业安全生产标准化建设基本规范》规定:企业应建立事故档案和管理台账,将承包商、供应商等相关方在企业内部发生的事故纳入本企业事故管理	**查资料:** 1. 承包商、分包商安全事故管理规定; 2. 事故档案和事故管理台账; 3. 承包商、供应商事故调查处理资料	5	1. 未制定承包商、分包商安全事故管理规定,扣5分;内容不充分,每处扣1分; 2. 未按规定对供应商、分包商安全生产事故进行管理,扣3分; 3. 事故调查处理资料不完整,每处扣1分; 4. 供应商、分包商事故档案和管理台账不全,有1处,扣1分	
十六、绩效评定与持续改进(30分)	1. 绩效评定	①企业应每年至少一次对本单位安全生产标准化的运行情况进行自评,验证各项安全生产制度措施的适宜性、充分性和有效性	企业应按要求每年至少一次全面、系统地与本标准逐条、逐项进行判断和对比、打分、综合分析对本单位安全生产标准化的实施情况进行评定,验证各项安全生产制度措施的适宜性、充分性和有效性,总结安全生产工作现状,查找问题,持续改进	**查资料:** 1. 安全生产标准化自评管理规定; 2. 自评活记录	10	1. 未建立安全生产标准化自评管理制度的,扣5分; 2. 未按规定频次组织自评,不得分; 3. 自评活动的策划、实施、总结、报告等不完整,每缺一项扣2分; 4. 记录不符合要求的,每处扣2分	

续上表

评价类目	评价项目		释　义	评价方法	标准分值	评价标准	得分
十六、绩效评定与持续改进(30分)	1.绩效评定	②企业主要负责人应全面负责自评工作。自评应形成正式文件,并将结果向所有部门、所属单位和从业人员通报,作为年度考评的重要依据	安全生产标准化自评工作应由企业主要负责人组织实施,自评结果要经主要负责人确认后向所有部门、所属单位和从业人员通报,并将结果作为年度评价的重要依据。自评报告内容应包含《交通运输企业安全生产标准化建设评价管理办法》中要求的全部内容	**查资料:** 1. 主要负责人组织实施自评工作的证明材料; 2. 安全生产标准化自评记录; 3. 自评结果向所有部门、所属单位和从业人员通报的证明材料	10	1. 主要负责人未组织实施自评工作,扣5分; 2. 无自评记录,不得分;自评报告不符合规范要求,每处扣2分; 3. 自评报告未向所有部门、所属单位和从业人员通报的,扣5分	
	2.持续改进	企业应根据安全生产标准化管理体系的自评结果和安全生产预测预警系统所反映的趋势,以及绩效评定情况,客观分析企业安全生产标准化管理体系的运行质量,及时调整完善安全生产目标、指标、规章制度、操作规程等相关管理文件和过程管控,持续改进,不断提高安全生产绩效	企业安全管理体系是指企业内部全部管理体系中专门管理安全工作的部分,包括为制定、实施、实现、评审和保持安全生产方针、目标所需的组织机构、职责、惯例、程序、过程和资源。 企业应制定安全生产标准化管理综合评价与改进制度,明确综合评价改进责任部门和相关责任人。	**查资料:** 1. 安全生产标准化综合管理评价与改进管理制度; 2. 调整完善安全生产目标、指标、规章制度、操作规程等相关管理文件和过程管控的记录;	10	1. 未制定安全管理体系综合评价与改进制度,扣5分; 2. 未按要求对安全生产标准化管理体系进行综合评价分析,扣5分; 3. 未对评价分析出的问题提出整改措施并组织实施的,每处扣2分;	

续上表

评价类目	评价项目		释义	评价方法	标准分值	评价标准	得分
十六、绩效评定与持续改进(30分)	2.持续改进		综合评价与改进的内容应包括与企业安全生产工作有关事项,至少包括标准化自评结果,安全生产预测预警系统所反映的趋势,以及绩效评定情况,一般通过会议形式进行,由企业安全生产第一责任人主持,各相关部门分别提供年度分析报告,制度还应明确会议计划制定与印发、会议材料准备、会议记录、综合评价与改进报告、发现问题的处理等责任人和主要内容。 安全生产标准化管理综合评价与改进工作一般安排在年度自评以后,对考评情况进行综合分析评定。	3.综合评价与改进过程中发现问题的整改情况; 4.查相关机构颁发的管理体系认证证书		4.无调整完善安全生产目标、指标、规章制度、操作规程等相关管理文件和过程管控的记录,每处扣1分; 5.未取得有效的管理体系认证证书,扣5分	

续上表

评价类目	评价项目		释义	评价方法	标准分值	评价标准	得分
十六、绩效评定与持续改进(30分)	2.持续改进		每年安全生产标准化管理综合评价与改进后,应全面综合分析企业安全生产标准化管理工作,着眼长效,运用系统化和标准化管理的原理,完善各项安全生产目标指标、管理制度、操作规程等文件和控制过程,形成企业安全生产管理体系,以持续改进,不断提高安全生产绩效				

评分说明:

1. "★"为一级必备条件;"★★"为一、二级必备条件;"★★★"为一、二、三级必备条件,即所有一级企业必须满足一、二、三星要求,二级企业需满足二、三星要求,三级企业需满足三星要求。
2. 除满足上述星项要求外,带有标注"AR"(Additional requirements的意思)的项目执行限制扣分要求,申请一级的企业该项目扣分分值不得超过该项分值的10%,申请二级的企业该项目扣分分值不得超过该项分值的25%,申请三级的企业该项目扣分分值不得超过该项分值的40%,所有"★"项,二、三级企业按照"AR"项要求执行,所有"★★"项,三级企业按照"AR"项要求执行,所有评分项目中存在一项超过上述扣分要求的为达标建设不合格。
3. 所有指标中要求的内容,如评审企业不涉及此项工作或当地主管机关未要求开展的,视为不涉及项处理,所得总分按照千分制比例进行换算。如:某企业不涉及项分数为100分,对照千分表去除不涉及项得分为720分,则最终评价得分为720/900×1000=800分。

第二章　港口理货企业安全生产标准化评价扣分表(试行)

评价类目	评 价 项 目	标准分值	得分
一、目标与考核(30分)	①企业应结合实际制定安全生产目标。安全生产目标应: a. 符合或严于相关法律法规的要求; b. 形成文件,并得到本企业所有从业人员的贯彻和实施; c. 与企业的职业安全健康风险相适应; d. 具有可考核性,体现企业持续改进的承诺; e. 便于企业员工及相关方获得	5 ★★★	
	②企业应根据安全生产目标制定可考核的安全生产工作指标,指标应不低于上级下达的目标	5	
	③企业应制定实现安全生产目标和工作指标的措施	5	
	④企业应制定安全生产年度计划和专项活动方案,并严格执行	5	
	⑤企业应将安全生产工作指标进行细化和分解,制定阶段性的安全生产控制指标,并予以考核	5	
	⑥企业应建立安全生产目标考核与奖惩的相关制度,并定期对安全生产目标完成情况予以考核与奖惩	5	

续上表

评价类目	评价项目		标准分值	得分
二、管理机构和人员(35分)	1. 安全生产管理机构	①企业应建立以企业主要负责人为领导的安全生产委员会(或安全生产领导小组),并应职责明确。应建立健全从安全生产委员会(或安全生产领导小组)至基层班组的安全生产管理网络	10 ★★	
		②企业应按规定设置与企业规模相适应的安全生产管理机构	5 ★★★	
		③企业应定期召开安全生产委员会或安全生产领导小组会议。安全生产管理机构或下属分支机构每月至少召开一次安全工作例会	5 AR	
	2. 安全管理人员	①企业应按规定配备专(兼)职安全生产和应急管理人员	10 ★★★	
		②企业的主要负责人和安全生产管理人员应具备与本企业所从事的生产经营活动相适应的安全生产和职业卫生知识与能力,并保持安全生产管理人员的相对稳定	5	

续上表

评价类目	评价项目		标准分值	得分
三、安全责任体系(40分)	1. 健全责任制	①企业应建立安全生产责任制，明确安全生产委员会(或安全生产领导小组)、安全生产管理机构、各职能部门、生产基层单位的安全生产职责，层层签订安全生产责任书，并落实到位	10 AR	
		②企业主要负责人或实际控制人是本企业安全生产第一责任人，对本企业安全生产工作全面负责，负全面组织领导、管理责任和法律责任，并履行安全生产的责任和义务	5 ★★★	
		③分管安全生产的企业负责人是安全生产的重要负责人，应协助企业安全生产第一责任人落实各项安全生产法律法规、标准，统筹协调和综合管理企业的安全生产工作，对本企业安全生产负重要管理责任	5	
		④其他负责人及员工实行“一岗双责”，对业务范围内的安全生产工作负责	10	
	2. 责任制考评	企业应根据安全生产责任进行定期考核和奖惩，并公布考评结果和奖惩情况	10 AR	

续上表

评价类目	评价项目		标准分值	得分
四、资质、法律法规与安全生产管理制度(60分)	1. 资质	企业的《企业法人营业执照》资质证书应合法有效,经营范围应符合要求	5 ★★★	
	2. 法律法规及标准规范	①企业应制定及时识别、获取适用的安全生产法律法规、规范标准及其他要求的管理制度,明确责任部门,建立清单和文本(或电子)档案,并定期发布	5	
		②企业应及时对从业人员进行适用的安全生产法律法规、规范标准宣贯,并根据法规标准和相关要求及时制定(修订)本企业安全生产管理制度	5	
	3. 安全管理制度	①企业应制定安全生产与职业卫生管理制度	5	
		②企业制定的安全生产管理制度应符合国家现行的法律法规的要求	5	
		③企业应组织从业人员进行安全生产管理制度的学习和培训	5	
	4. 操作规程	①企业应制定各岗位操作规程,操作规程应满足国家和行业相关标准规范的要求	5 ★★★	
		②企业应在新技术、新材料、新工艺、新设备设施投产或投用前,组织编制相应的操作规程,保证其适用性	5	
		③企业应及时将操作规程发放到相关岗位,组织对从业人员进行操作规程的培训	5	

续上表

评价类目	评价项目		标准分值	得分
四、资质、法律法规与安全生产管理制度(60分)	5. 修订	企业应定期对安全管理制度和操作规程进行评审,并根据评审结论及时进行修订,确保其有效性、适应性和符合性。在发生以下情况时,应及时对相关的管理制度或操作规程进行评审、修订: a. 国家相关法律、法规、规程、标准废止、修订或新颁布; b. 企业归属、体制、规模发生重大变化; c. 生产设施新建、改建、扩建规模、作业环境已发生重大改变; d. 设备设施发生变更; e. 作业工艺、危险有害特性发生变化; f. 政府相关行政部门提出整改意见; g. 安全评价、风险评估、体系认证、分析事故原因、安全检查发现涉及规章制度、操作规程的问题; h. 其他相关事项	5	
	6. 制度执行及档案管理	①企业每年至少一次对安全生产法律法规、标准规范、规章制度、操作规程的执行情况进行检查	5	
		②企业应建立和完善各类台账和档案,并按要求及时报送有关资料和信息	5 AR	

续上表

评价类目	评 价 项 目		标准分值	得分
五、安全投入(40分)	1. 资金投入	①企业应按规定足额提取(列支)安全生产费用	10 ★★	
		②安全生产经费应专款专用,按规定的安全生产费用使用范围合理使用,企业应保证安全生产投入的有效实施	10	
		③企业应及时投入满足安全生产条件的所需资金	10 AR	
	2. 费用管理	①企业应建立安全生产费用台账	5	
		②企业应跟踪、监督安全生产费用使用情况。企业安全生产费用应按照“企业提取、政府监管、确保需要、规范使用”的原则进行管理,安全生产费用应按照以下范围使用: a. 完善、改造和维护安全防护设施设备支出(不含“三同时”要求初期投入的安全设施),包括交通运输设施设备和装卸工具安全状况检测及维护系统、运输设施设备和装卸工具附属安全设备等支出; b. 配备、维护应急救援器材、设备支出和应急演练支出; c. 开展重大危险源和事故隐患评估、监控和整改支出; d. 安全生产检查、评价(不包括新建、改建、扩建项目安全评价)、咨询和标准化建设支出; e. 配备和更新现场作业人员安全防护用品支出; f. 安全生产宣传、教育、培训支出; g. 安全生产适用的新技术、新标准、新工艺、新装备的推广应用支出; h. 安全设施及特种设备检测检验支出; i. 其他与安全生产直接相关的支出	5	

续上表

评价类目	评 价 项 目		标准分值	得分
六、装备设施(130 分)	1. 设施设备	①具备满足安全生产需要的场所和设施设备,并符合相关安全规范和技术要求	10 ★★★	
		②按国家有关规定配足有效的安全防护、救生设备及器材	10 AR	
		③设有覆盖安全重点部位的视频监控设备,并保持实时监控	5	
		④按规定设置设施设备安全警告标志、指示牌	10	
	2. 设施设备管理	①库房内设置办公室、休息室须经批准并符合相关规定	10 ★★★	
		②建(构)筑物使用符合消防安全管理规定	5	
		③理货工作设备、车辆、通信报警设备等符合相关安全规范和技术要求	10 AR	
		④按规定对安全设施设备、检测设备和计量设备进行定期检验,检验证书合法有效	10 AR	
		⑤按规定定期对建筑、设施设备维护,设备技术状况良好	15	
		⑥指定专人对特种设备、检测监测、计量设备进行管理	15	
		⑦建立并规范设备管理档案	10	
	3. 电气安全管理	①作业场所及设施设备应采用可靠的防雷措施	10	
		②按照国家相关法律法规规范电气安全管理	10	

续上表

评价类目	评价项目		标准分值	得分
七、科技创新与信息化(50分)	1. 科技创新及应用	①使用先进的、安全性能可靠的新技术、新工艺、新设备和新材料,优先选购安全、高效、节能的先进设备	10 AR	
		②组织开展安全生产科技攻关或课题研究	10	
		③设有安全生产管理系统或平台	10	
	2. 科技信息化	①港口理货企业应根据自身需要,设立相应的电子显示监控设备和监管信息系统	10 ★★★	
		②设有其他安全监管信息系统	10	
八、教育培训(90分)	1. 培训管理	①企业应按规定开展安全教育培训,明确安全教育培训目标、内容和要求,定期识别安全教育培训需求,制定并实施安全教育培训计划	5	
		②企业应组织安全教育培训,保证安全教育培训所需人员、资金和设施	5	
		③企业应做好安全教育培训记录,建立从业人员安全教育培训档案	10 AR	
		④企业应组织对培训效果进行评估,改进提高培训质量	5	
	2. 资格培训	①企业的特种设备作业人员应按有关规定参加安全教育培训,取得《特种设备作业人员证》后,方可从事相应的特种设备作业或者管理工作,并按规定定期进行复审	10 ★★	

续上表

评价类目	评价项目		标准分值	得分
八、教育培训(90分)	2. 资格培训	②企业的特种作业人员应经专门的安全技术培训并考核合格,取得《中华人民共和国特种作业操作证》后,方可上岗作业,并按规定定期进行复审。离开特种作业岗位6个月以上的特种作业人员,应重新进行实际操作考试,经确认合格后方可上岗作业	10 AR	
	3. 宣传教育	企业应组织开展安全生产的法律、法规和安全生产知识的宣传、教育	5	
	4. 从业人员培训	①未经安全生产培训合格的从业人员,不得上岗作业	5	
		②从业人员应每年接受再培训,培训时间不得少于规定学时	5	
		③对离岗重新上岗、转换工作岗位的人员,应进行岗前培训。培训内容应包括安全法律法规、安全管理制度、岗位操作规程、风险和危害告知等,与新岗位安全生产要求相符合	5	
		④应对新员工进行三级安全教育培训,经考核合格后,方可上岗。培训时间不得少于规定学时	10 AR	
		⑤企业使用被派遣劳动者的,应纳入本企业从业人员统一管理,进行岗位安全操作规程和安全操作技能的教育和培训	5	
		⑥应在新技术、新设备投入使用前,对管理和操作人员进行专项培训	5	
	5. 规范档案	企业应当建立安全生产教育和培训档案,如实记录安全生产教育和培训的时间、内容、参加人员以及考核结果等情况	5	

续上表

评价类目	评价项目		标准分值	得分
九、作业管理(220分)	1.现场作业管理	①严格执行操作规程和安全生产作业规定,严禁违章指挥、违章操作、违反劳动纪律	10 AR	
		②具有与经营规模、范围相适应的专业技术人员、管理人员和操作人员,按规定持证上岗	10 ★★★	
		③在下达生产任务的同时,布置安全生产工作要求	10	
		④从业人员具有相应的安全管理知识和操作能力	10	
		⑤制定至少包括下列危险作业的安全监督管理制度,明确责任部门、人员、许可范围、审批程序、许可签发人员等:高处作业、临时用电、过驳理货、乘小船看水尺、锚地船舶常数测量作业、油品计量、受限空间,其他危险作业	10	
		⑥指定专人对危险作业(高处作业、过驳理货、乘小船看水尺、锚地船舶常数测量作业、油品计量、受限空间,其他危险生产作业)进行现场管理,严格执行巡回检查制度	10 ★★	
		⑦对现场理货作业实施安全监督检查	10	
		⑧建立并规范填写工作记录和台账	10 AR	

续上表

评价类目	评价项目		标准分值	得分
九、作业管理(220分)	2. 安全值班	制定并落实安全生产值班计划和值班制度,重要时期实行领导到岗带班,有值班记录	10	
	3. 相关方管理	①两个或两个以上单位共用作业场所或设施设备进行生产经营的现场安全生产管理职责明确,并落实到位	10	
		②与外来施工(作业)方签订安全协议,明确双方各自的安全责任	10	
		③对外发包或出租生产经营项目、场所、设备,对承包承租方进行资质审查	10	
		④外来从事危险作业人员须具备相应资质,并取得相关资格证书	10	
		⑤对短期合同工、临时用工、实习人员、外来参观人员、客户及其车辆等进入作业现场有相应的安全管理制度和措施	5	
	4. 作业安全管理	①制定作业指导书,作业指导书应包含安全操作规程	10	
		②现场作业各工种按作业指导书进行作业,严格遵守岗位操作规程,人员穿戴的服装及使用的工具符合要求	5	
	5. 消防管理	①机动车辆进入仓库应符合防火规定	5	
		②建立防火安全管理制度并贯彻落实	10 ★★★	

续上表

评价类目	评价项目		标准分值	得分
九、作业管理(220分)	5.消防管理	③消防设施和器材管理符合相关技术规范要求	10	
		④定期开展消防安全检查,统计分析消防工作现状,完善消防工作措施	10	
	6.警示标志、报警装置	①结合实际情况,建立警示标志(标识)、报警装置清单(或台账),并确保清单内容与现场设置相符	10 AR	
		②各类警示标志(标识、标线)应清晰、牢固,无破损、褪色、错标等现象	5	
		③固定式报警装置的安装应符合相关安全规范和技术要求。移动式报警仪配置应能满足作业现场要求	5	
		④应确保报警装置、移动式报警仪的正常使用。移动式报警仪的配置数量应满足安全巡检及事故检查的需要	5	
		⑤建立、健全报警装置档案,各类记录归档及时	5	
	7.限制区域管理	采取措施,严禁其他人员进入作业限制区域	5 ★★★	
十、风险管理(60分)	1.一般要求	企业应依法依规建立健全安全生产风险管理制度,开展本单位管理范围内的风险辨识、评估、管控等工作,落实重大风险登记、重大危险源报备责任,防范和减少安全生产事故	5 AR	

续上表

评价类目	评价项目		标准分值	得分
十、风险管理(60分)	2. 风险辨识	①企业应制定风险辨识规则,明确风险辨识的范围、方式和程序	5	
		②风险辨识应系统、全面,并进行动态更新	5	
		③风险辨识应涉及所有的工作人员(包括外部人员)、工作过程和工作场所。安全生产风险辨识结束后应形成风险清单	3	
	3. 风险评估	①企业应从发生危险的可能性和严重程度等方面对风险因素进行分析,选定合适的风险评估方法,明确风险评估规则	2	
		②企业应依据风险评估规则,对风险清单进行逐项评估,确定风险等级	5	
	4. 风险控制	①企业应根据风险评估结果及经营运行情况等,按以下顺序确定控制措施: a. 消除; b. 替代; c. 工程控制措施; d. 设置标志警告和(或)管理控制措施; e. 个体防护装备等	5	
		②企业应将安全风险评估结果及所采取的控制措施告知相关从业人员,使其熟悉工作岗位和作业环境中存在的安全风险,掌握、落实应采取的控制措施	5	

续上表

评价类目	评 价 项 目		标准分值	得分
十、风险管理(60分)	4. 风险控制	③企业应建立风险动态监控机制,按要求对风险进行控制和监测,及时掌握风险的状态和变化趋势,以确保风险得到有效控制	3	
	5. 重大风险管控	①企业对重大风险进行登记建档,设置重大风险监控系统,制定动态监测计划,并单独编制专项应急措施	5 ★★	
		②企业应当在重大风险所在场所设置明显的安全警示标志,对进入重大风险影响区域的人员组织开展安全防范、应急逃生避险和应急处置等相关培训和演练	5	
		③企业应当将本单位重大风险有关信息通过公路水路行业安全生产风险管理信息系统进行登记,构成重大危险源的应向属地负有安全生产监督管理职责的交通运输管理部门备案	2 ★★★	
		④重大风险经评估确定等级降低或解除的,企业应于规定的时间内通过公路水路行业安全生产风险管理系统予以销号	2	
	6. 预测预警	①企业应根据生产经营状况、安全风险管理及隐患排查治理、事故等情况,运用定量或定性的安全生产预测预警技术,建立企业安全生产状况及发展趋势的安全生产预测预警机制	5	
		②当风险因素达到预警条件的,企业应及时发出预警信息,并立即采取针对性措施,防范安全生产事故发生	3	

续上表

评价类目	评价项目		标准分值	得分
十一、隐患排查和治理(50分)	1. 隐患排查	①企业应落实隐患排查治理和防控责任制,组织事故隐患排查治理工作,实行从隐患排查、记录、监控、治理、销账到报告的闭环管理	5 ★★★	
		②企业应依据有关法律法规、标准规范等,组织制定各部门、岗位、场所、设备设施的隐患排查治理标准或排查清单,明确隐患排查的时限、范围、内容和要求,并组织开展相应的培训。隐患排查的范围应包括所有与生产经营相关的场所、人员、设备设施和活动,包括承包商和供应商等相关服务范围	5 AR	
		③生产经营单位应当建立事故隐患日常排查、定期排查和专项排查工作机制。日常排查每周应不少于1次,定期排查每半年应不少于1次,并根据政府及有关管理部门安全工作的专项部署、季节性变化或安全生产条件变化情况进行专项排查	5	
		④企业应填写事故隐患排查记录,依据确定的隐患等级划分标准对发现或排查出的事故隐患进行判定,确定事故隐患等级并进行登记,形成事故隐患清单。企业应将重大事故隐患向属地负有安全生产监督管理职责的交通运输管理部门备案	5 ★★	

续上表

评价类目	评价项目		标准分值	得分
十一、隐患排查和治理(50分)	2. 隐患治理	①对于一般事故隐患,企业应按照职责分工立即组织整改,确保及时进行治理	5	
		②对于重大事故隐患,企业主要负责人组织制定专项隐患治理整改方案,并确保整改措施、责任、资金、时限和预案“五到位”。整改方案应包括: a. 整改的目标和任务; b. 整改方案和整改期的安全保障措施; c. 经费和物资保障措施; d. 整改责任部门和人员; e. 整改时限及节点要求; f. 应急处置措施; g. 跟踪督办及验收部门和人员	5 AR	
		③企业在事故隐患整改过程中,应采取相应的监控防范措施,防止发生次生事故	5	
		④事故隐患整改完成后,企业应按规定进行验证或组织验收,出具整改验收结论,并签字确认。重大事故隐患整改验收通过的,企业应将验收结论向属地负有安全生产监督管理职责的交通运输管理部门报备,并申请销号	5 ★★★	

续上表

评价类目	评价项目		标准分值	得分
十一、隐患排查和治理(50分)	2. 隐患治理	⑤企业应对重大事故隐患形成原因及整改工作进行分析评估,及时完善相关制度和措施,依据有关规定和制度对相关责任人进行处理,并开展有针对性的培训教育	5	
		⑥企业应对事故隐患排查治理情况如实记录,建立相关台账,并定期组织对本单位事故隐患治理情况进行统计分析,及时梳理、发现安全生产问题和趋势,形成统计分析报告,改进安全生产工作	5	
十二、职业健康(20分)	1. 健康管理	①企业应落实职业病防治主体责任,按规定设置职业健康管理机构和配备专(兼)职管理人员;落实职业病危害告知、日常监测、定期报告和防护保障等制度措施	5	
		②提供符合职业卫生要求的工作环境和条件;应按规定组织有关从业人员进行职业健康检查,并建立有关从业人员职业健康档案	5	
		③企业应按规定对存在或者可能产生职业病危害的工作场所、作业岗位、设备、设施设置警示标识和中文警示说明	5 AR	
	2. 职业危害申报	企业应按规定及时、如实向当地主管部门申报运营过程中存在的职业病危害因素,并接受其监督	5	

续上表

评价类目	评 价 项 目		标准分值	得分
十三、安全文化(30分)	1. 安全环境	①设立安全文化廊、安全角、黑板报、宣传栏等员工安全文化阵地	5	
		②公开安全生产举报电话号码、通信地址或者电子邮件信箱。对接到的安全生产举报和投诉及时予以调查和处理,并公开处理结果	5 AR	
	2. 安全行为	①企业应建立包括安全价值观、安全愿景、安全使命和安全生产目标等在内的安全承诺	5 ★	
		②企业应结合企业实际编制员工安全知识手册,并发放到职工	5	
		③企业应组织开展安全生产月活动、安全生产班组竞赛活动,有方案、有总结	5	
		④企业应对安全生产进行检查、评比、考评,总结和交流经验,推广安全生产先进管理方法,对在安全工作中做出显著成绩的集体、个人给予表彰、奖励,并与其经济利益挂钩	5	
十四、应急管理(70分)	1. 预案制定	①企业应在开展安全风险评估和应急资源调查的基础上,建立生产安全事故应急预案体系,制定符合GB/T 29639—2013规定的生产安全事故应急预案,针对安全风险较大的重点场所(设施)制定现场处置方案,并编制重点岗位、人员应急处置卡	10 AR	
		②应急预案应与当地政府、行业管理部门预案保持衔接,报当地有关部门备案,通报有关协作单位	5	
		③企业应组织开展应急预案评审或论证,并定期进行评估和修订	5 ★★	

续上表

评价类目	评价项目		标准分值	得分
十四、应急管理(70分)	2. 应急队伍	①企业应按照有关规定建立应急管理组织机构或指定专人负责应急管理工作,建立与本企业安全生产特点相适应的专(兼)职应急救援队伍	5	
		②企业应组织应急救援人员日常训练	5	
	3. 应急物资	①企业应根据可能发生的事故种类特点,按照有关规定设置应急设施,配备应急装备,储备应急物资	5 AR	
		②企业应建立管理台账,安排专人管理,并定期检查、维护,确保其完好、可靠	5	
	4. 应急演练	①企业应按照《生产安全事故应急演练指南》(AQ/T 9007—2011)的规定定期组织公司(厂)、车间(工段、区、队、船、项目部)、班组开展生产安全事故应急演练,做到一线从业人员参与应急演练全覆盖	10 ★★★	
		②企业应按照《生产安全事故应急演练评估规范》(AQ/T 9009—2015)的规定对演练进行总结和评估,根据评估结论和演练发现的问题,修订、完善应急预案,改进应急准备工作	5	
	5. 应急处置	发生事故后,企业应根据预案要求,立即启动应急响应程序,按照有关规定报告事故情况,并开展先期处置	5	

续上表

评价类目	评 价 项 目		标准分值	得分
十四、应急管理(70分)	6. 应急评估	①企业应对应急准备、应急处置工作进行评估	5 ★	
		②运输、储存危险物品或处置废弃危险物品的企业,应每年进行一次应急准备评估	3	
		③完成险情或事故应急处置后,企业应主动配合有关组织开展应急处置评估	2	
十五、事故报告调查处理(45分)	1. 事故报告	①企业应建立事故报告程序,明确事故内外部报告的责任人、时限、内容等,并教育、指导从业人员严格按照有关规定的程序报告发生的生产安全事故	5	
		②发生事故,企业应及时进行事故现场处置,按相关规定及时、如实向有关部门报告,没有瞒报、谎报、迟报情况。并应跟踪事故发展情况,及时续报事故信息	5 ★★★	
		③企业应跟踪事故发展情况,及时续报事故信息	5	
	2. 事故调查处理	①企业应建立内部事故调查和处理制度,按照有关规定、行业标准和国际通行做法,将造成人员伤亡(轻伤、重伤、死亡等人身伤害和急性中毒)和财产损失的事故纳入事故调查和处理范畴	5	

续上表

评价类目	评价项目		标准分值	得分
十五、事故报告调查处理(45分)	2. 事故调查处理	②企业应积极配合各级人民政府组织的事故调查,随时接受事故调查组的询问,如实提供有关情况	5	
		③企业应按时提交事故调查报告,分析事故原因,落实整改措施	5	
		④发生事故后,企业应及时组织事故分析,并在企业内部进行通报。并应按时提交事故调查报告,分析事故原因,落实整改措施	5	
		⑤企业应按“四不放过”原则严肃查处事故,严格追究责任领导和相关责任人。处理结果报上级主管部门备案	5 ★	
	3. 事故档案管理	企业应建立事故档案和管理台账,将承包商、供应商等相关方在企业内部发生的事故纳入本企业事故管理	5	
十六、绩效评定与持续改进(30分)	1. 绩效评定	①企业应每年至少一次对本单位安全生产标准化的运行情况进行自评,验证各项安全生产制度措施的适宜性、充分性和有效性	10	
		②企业主要负责人应全面负责自评工作。自评应形成正式文件,并将结果向所有部门、所属单位和从业人员通报,作为年度考评的重要依据	10	

续上表

评价类目	评价项目		标准分值	得分
十六、绩效评定与持续改进(30分)	2.持续改进	企业应根据安全生产标准化管理体系的自评结果和安全生产预测预警系统所反映的趋势,以及绩效评定情况,客观分析企业安全生产标准化管理体系的运行质量,及时调整完善安全生产目标、指标、规章制度、操作规程等相关管理文件和过程管控,持续改进,不断提高安全生产绩效	10	

评分说明:

1.“★”为一级必备条件;“★★”为一、二级必备条件;“★★★”为一、二、三级必备条件,即所有一级企业必须满足一、二、三星要求,二级企业须满足二、三星要求,三级企业须满足三星要求。

2.除满足上述星项要求外,带有标注“AR”(Additional requirements 的意思)的项目执行限制扣分要求,申请一级的企业该项目扣分分值不得超过该项分值的10%,申请二级的企业该项目扣分分值不得超过该项分值的25%,申请三级的企业该项目扣分分值不得超过该项分值的40%,所有“★”项,二、三级企业按照“AR”项要求执行,所有“★★”项,三级企业按照“AR”项要求执行,所有评分项目中存在一项超过上述扣分要求的为达标建设不合格。

3.所有指标中要求的内容,如评审企业不涉及此项工作或当地主管机关未要求开展的,视为不涉及项处理,所得总分按照千分制比例进行换算。如:某企业不涉及项分数为100分,对照千分表去除不涉及项得分为720分,则最终评价得分为720/900×1000=800分。

4.所有涉及抽查、询问人员的指标,如细则中无具体说明,抽查数量为总数的10%,最低抽查数量为3,最高抽查数量为15,抽查的人员及车辆应具有代表性,每种类别车辆或人员必须要有抽样。

附件　交通运输部关于印发《交通运输企业安全生产标准化建设评价管理办法》的通知

交安监发〔2016〕133 号

各省、自治区(直辖市)、长江航务管理局:

为深入贯彻落实《中华人民共和国安全生产法》,大力推进企业安全生产标准化建设,现将《交通运输企业安全生产标准化建设评价管理办法》印发给你们,请遵照执行。

交通运输部

2016 年 7 月 26 日

交通运输企业安全生产标准化建设评价管理办法

第一章　总　　则

第一条　为推进交通运输企业安全生产标准化建设,规范评价工作,促进企业落实安全生产主体责任,依据《中华人民共和国安全生产法》,制定本办法。

第二条　本办法适用于中华人民共和国境内交通运输企业安全生产标准化建设评价及其监督管理工作。

第三条 交通运输部负责全国交通运输企业安全生产标准化建设工作的指导,具体负责一级评价机构的监督管理。

省级交通运输主管部门负责本管辖范围内交通运输企业安全生产标准化建设工作的指导,具体负责二、三级评价机构的监督管理。

长江航务管理局、珠江航务管理局分别负责行政许可权限范围内的长江干线、西江干线省际航运企业安全生产标准化建设工作的指导,具体负责二、三级评价机构的监督管理(以上部门和单位统称为主管机关)。

第四条 交通运输企业安全生产标准化建设按领域分为道路运输、水路运输、港口营运、城市客运、交通运输工程建设、收费公路运营六个专业类型和其他类型(未列入前六种类型,但由交通运输管理部门审批或许可经营)。

道路运输专业类型含道路旅客运输、道路危险货物运输、道路普通货物运输、道路货物运输站场、汽车租赁、机动车维修和汽车客运站等类别;水路运输专业类型含水路旅客运输、水路普通货物运输、水路危险货物运输等类别;港口营运专业类型含港口客运、港口普通货物营运、港口危险货物营运等类别;城市客运专业类型含城市公共汽车客运、城市轨道交通运输和出租汽车营运等类别;交通运输工程建设专业类型含交通运输建筑施工企业和交通工程建设项目等类别;收费公路运营专业类型含高速公路运营、隧道运营和桥梁运营等类别。

第五条 交通运输企业安全生产标准化建设等级分为一级、二级、三级,其中一级为最高等级,三级为最低等级。水路危险货物运输、水路旅客运输、港口危险货物营运、城市轨道交通、高速公路、隧道和桥梁运营企业安全生产标准化建设等级不设三级,二级为最低等级。

交通运输企业安全生产标准化建设标准和评价指南,由交通运输部另行发布。

第六条 交通运输企业安全生产标准化建设评价工作应坚持“政策引导、依法推进、政府监管、社会监督”的原则。

第七条 交通运输企业安全生产标准化建设评价及相关工作应统一通过交通运输企业安全生产标准化管理系统(简称管理系统)开展。

第八条 交通运输部通过购买服务委托管理维护单位,具体承担管理系统的管理、维护与数据分析、评审员能力测试题库维护、评价机构备案和档案管理等日常工作。各省级主管机关可根据需要通过购买服务委托省级管理维护单位承担相关日常工作。

第九条 管理维护单位应具备以下条件:

(一)具有独立法人资格,从事交通运输业务的事业单位或经批准注册的交通运输行业社团组织；

（二）具有相适应的固定办公场所、设施和必要的技术条件；

（三）配有满足工作所需的管理和技术人员；

（四）3 年内无重大违法记录，信用状况良好；

（五）具有完善的内部管理制度；

（六）法律、法规规定的其他条件。

第十条 主管部门应与委托的管理维护单位签订合同或协议，明确委托工作任务、要求及相关责任。

第十一条 管理维护单位因自身条件变化不满足第九条要求或不能履行合同承诺的，主管机关应解除合同并及时向社会公告。

第二章 评 审 员

第十二条 评审员是具有企业安全生产标准化建设评价能力，进入评审员名录的人员。

第十三条 凡遵守法律法规，恪守职业道德，符合下列条件，通过管理系统登记报备，经公示 5 个工作日，公示结果不影响登记备案的，自动录入评审员名录。

（一）具有全日制理工科大学本科及以上学历；

（二）具备中级及以上专业技术职称，或取得初级技术职称 5 年以上；

（三）具有 5 年及以上申报专业类型安全相关工作经历；

（四）身体健康，年龄不超过 70 周岁；

（五）同时登记备案不超过 3 个专业类型；

（六）通过管理系统相关专业类型专业知识、技能和评价规则的在线测试；

（七）申请人 5 年内未被列入政府、行业黑名单或 1 年内未被列入政府、行业公布的不良信息名录；

（八）评审员承诺备案信息真实，考评活动中严格遵守国家有关法律法规，不弄虚作假、提供虚假证明，一旦违反，自愿退出交通运输企业安全生产标准化建设评价相关活动。

第十四条 评审员按专业类型自愿申请登记在一家评价机构后，方可从事交通运输企业安全生产标准化建设评价工作，登记完成后 12 个月内不可撤回。

第十五条 评审员应按年度开展继续教育学习，自登记备案进入评审员名录后，每 12 个月周期内均应通过管理系统进行继续教育在线测试。通过测试的，可继续从事企业安全生产标准化建设评价工作；未通过测试的，暂停参加评价活动，直至通过继续教育测试。继续教育测试不收取任何费用。

第十六条　部级管理维护单位应按年度发布评审员继续教育测试大纲，评审员年度继续教育测试大纲应包含以下内容：

（一）相关专业的安全生产法律、法规、标准规范；

（二）交通运输企业安全生产标准化建设有关新政策；

（三）应更新的安全生产专业知识。

第十七条　评审员个人信息变动应于5个工作日内通过管理系统报备。

第十八条　评审员向受聘的评价机构申请不再从事企业安全生产标准化建设评价工作，或年龄超过70周岁的，部管理维护单位应在5个工作日内注销其备案信息。

第三章　评价机构

第十九条　评价机构是指满足评价机构备案条件，完成管理系统登记报备，从事交通运输企业安全生产标准化建设评价的第三方服务机构。

第二十条　评价机构分为一、二、三级。一级评价机构向交通运输部备案，二、三级评价机构向省级主管机关备案。

一级评价机构可承担申请一、二、三级的企业安全生产标准化评价工作，二级评价机构可承担备案地区申请二、三级的企业安全生产标准化评价工作，三级评价机构可承担备案地区申请三级的企业安全生产标准化评价工作。

第二十一条　凡符合以下条件，通过管理系统登记备案，经公示5个工作日，公示结果不影响登记备案的，自动录入评价机构名录。

（一）从事交通运输业务的独立法人单位或社团组织；

（二）具有一定的交通运输企业安全生产标准化建设评价或交通运输安全生产技术服务工作经历；

（三）具有相适应的固定办公场所、设施；

（四）具有一定数量专职管理人员和相应专业类型的自有评审员；

（五）初次申请一级评价机构备案，应已完成本专业类型二级评价机构备案1年以上，并具有相关评价经历；

（六）建立了完善的管理制度体系；

（七）单位或法定代表人3年内未被列入政府、行业黑名单或1年内未被列入政府、行业公布的不良信息名录；

（八）评价机构同一等级登记备案不超过3个专业类型；

（九）评价机构承诺备案信息真实，严格遵守国家有关法律法规，不弄虚作假、提供虚假证明，一旦违反，自愿退出交通运输企业安全生产标准化建设评价相关活动；

（十）满足其他法律法规要求。

以上第一至五款评价机构具体备案条件见附录 A。

第二十二条 评价机构进入评价机构名录后,备案信息有效期 5 年,并向社会公布。备案信息公布内容应包含评价机构的名称、法定代表人、专业类型、等级、地址和印模、备案号和有效期等。

第二十三条 评价机构可在登记备案期届满前 1 个月通过管理系统进行延期备案,延期备案符合下列条件,经公示 5 个工作日后,结果不影响延期备案的,自动延长备案期 5 年。

(一)单位经营资质合法有效;

(二)未被主管机关列入公布的不良信息名录;

(三)满足该等级评价机构登记备案条件。

第二十四条 评价机构名称、地址或法定代表人变更,或从事专职管理和评价工作的人员变动累计超过 25% 的,应通过管理系统进行信息变更备案。

第二十五条 评价机构应不断完善内部管理制度,严格规范评价过程管理,并对评价和年度核查结论负责。

第二十六条 评价机构应按年度总结评价工作,于次年 1 月底前通过管理系统报管理维护单位,管理维护单位汇总分析后,形成年度报告报主管机关。

第二十七条 评价机构在妥善处置其负责评价和年度核查相关业务后,可向登记备案的管理维护单位申请注销其评价机构备案信息,管理维护单位核实相关业务处置妥善后应在 5 个工作日内完成备案注销工作,并通过管理系统向社会公布。评价机构申请注销的,2 年内不得重新备案,所聘评审员自动恢复未登记评价机构状态。

第四章 评价与等级证明颁发

第二十八条 评价机构负责交通运输企业安全生产标准化建设评价活动的组织实施和评价等级证明的颁发。

第二十九条 交通运输企业安全生产标准化建设评价包括初次评价、换证评价和年度核查三种形式。

第三十条 交通运输企业安全生产标准化建设等级证明应按照交通运输部规定的统一样式制发,有效期 3 年。

第三十一条 已经通过低等级交通运输企业安全生产标准化建设评价的企业申请高等级交通运输企业安全生产标准化建设评价的,评价及颁发等级证明应按照初次评价的有关规定执行。

第三十二条 交通运输企业应根据经营范围分别申请相应专业类别建设评价,属同一专业类型不同专业类别的,可合并评价。

第三十三条 交通运输企业申请安全生产标准化建设评价应遵循以下规定:

（一）依照法律法规要求自主申请；

（二）自主选择相应等级的评价机构；

（三）评价过程中，向评价机构和评审员提供所需工作条件，如实提供相关资料，保障有效实施评价；

（四）有权向主管机关、管理维护单位举报、投诉评价机构或评审员的不正当行为。

第三十四条　交通运输企业在取得安全生产标准化等级证明后，应根据评价意见和标准要求不断完善其安全生产标准化管理体系，规范安全生产管理和行为，形成可持续改进的长效机制，并接受主管机关、评价机构的监督。

第一节　初次评价

第三十五条　申请初次评价应具备以下条件：

（一）具有独立法人资格，从事交通运输生产经营建设的企业或独立运营的实体；

（二）具有与其生产经营活动相适应的经营资质、安全生产管理机构和人员，并建立相应的安全生产管理制度；

（三）近1年内没有发生较大以上安全生产责任事故；

（四）已开展企业安全生产标准化建设自评，结论符合申请等级要求。

第三十六条　交通运输企业应通过管理系统向所选择的评价机构提出企业安全生产标准化建设评价申请，申报初次评价应提交以下资料：

（一）标准化建设评价申请表（样式由管理系统提供）；

（二）法律法规规定的企业法人营业执照、经营许可证、安全生产许可证等；

（三）企业安全生产标准化建设自评报告。自评报告应包含：企业简介和安全生产组织架构；企业安全生产基本情况（含近3年应急演练、一般以上安全事故和重大安全事故隐患及整改情况）；从业人员资格、企业安全生产标准化建设过程；自评综述、自评记录、自评问题清单和整改确认；自评评分表和结论等。

第三十七条　评价机构接到交通运输企业评价申请后，应在5个工作日内完成申请材料完整性和符合性核查。核查不通过的，应及时告知企业，并说明原因。评价机构对申请材料核查后，认为自身能力不足或申请企业存在较大安全生产风险时，可拒绝受理申请，并向其说明，记录在案。

第三十八条　企业申请资料核查通过后，评价机构应成立评价组，任命评价组长，制定评价方案，提前5个工作日告知当地主管机关后，满足下列条件，可启动现场评价。

（一）评价组评审员不少于3人，其中自有评审员不少于1人；

（二）评价组长原则上应为自有评审员，且具有2年和

8家以上同等级别企业安全生产标准化建设评价经历,3年内没有不良信用记录,并经评价机构培训,具有较强的现场沟通协调和组织能力;

(三)评价组应熟悉企业评价现场安全应急要求和当地相关法律法规和标准规范要求。

第三十九条 评价机构应在接受企业评价申请后30个工作日内完成对企业的现场评价工作,并提交评价报告。

第四十条 现场评价工作完成后,评价组应向企业反馈发现的安全事故隐患和问题、整改建议及现场评价结论,形成现场评价问题清单,问题清单应经企业和评价组签字确认。现场发现的重大安全事故隐患和问题应向负有直接安全生产监督管理职责的交通运输管理部门和相应的主管机关报告。

第四十一条 企业对评价发现的安全事故隐患和问题,在现场评价结束30日内按要求整改到位的,经申请,由评价机构确认整改合格,所完成的整改内容可视为达到相关要求;对于不影响评价结论的安全事故隐患和问题,企业应按评价机构有关建议积极组织整改,并在年度报告中予以说明。

第四十二条 评价案卷应包含下列内容:

(一)申请资料核查记录及结论;

(二)现场评价通知书(应包含评价时间、评价组成员等);

(三)评价方案;

(四)企业安全生产重大问题整改报告及验证记录;

(五)评价报告,包括现场评价记录、现场收集的证据材料、问题清单及整改建议、评价结论及评价等级意见;

(六)其他必要的评价证据材料。

第四十三条 评价机构应对评价案卷进行审核,形成评价报告(附评价综述、评价结论和现场发现问题清单)及其他必要的评价资料通过管理系统向管理维护单位报备。评价机构评价结论认为符合颁发评价等级证明的,应报管理维护单位向社会公示5个工作日;公示结果不影响评价结论的,评价机构应向企业颁发交通运输企业安全生产标准化评价等级证明。

第四十四条 企业对评价结论存有异议的,可向评价机构提出复核申请,评价机构应针对复核申请事项组织非原评审员进行逐项复核,复核工作应在接受企业复核申请之日起20个工作日完成,并反馈复核意见。企业对评价机构复核结论仍存异议的,可选择其他评价机构申请评价。涉及评价机构评价工作不公正和违规行为的,企业可向相应管理维护单位或主管机关投诉、举报。

第四十五条 交通运输企业安全生产标准化建设等级证明格式由交通运输部统一规定(附录B),证明应注明类型、类别、等级、适用范围和有效期等。

第四十六条　管理维护单位应在收到评价机构报备的评价等级证明、评价报告等资料5个工作日内，向社会公布获得交通运输企业安全生产标准化建设等级证明的企业和评价机构有关信息，接受社会监督。

第二节　换证评价

第四十七条　已经取得安全生产标准化评价等级证明的企业在证明有效期满之前可向评价机构申请换证评价，换证完成后，原证明自动失效。

第四十八条　企业申请换证评价时，应提交以下材料：

（一）企业法人营业执照、经营许可证等；

（二）原交通运输企业安全生产标准化建设等级证明；

（三）企业换证自评报告和企业基本情况、安全生产组织架构；

（四）企业安全生产标准化运行情况，以及近3年安全生产事故或险情、重大安全生产风险源及管控、重大安全事故隐患及治理等情况。

第四十九条　申请换证的企业在取得等级证明3年且满足下列条件，在原证明有效期满之日前3个月内可直接向评价机构申请换发同等级企业安全生产标准化建设等级证明：

（一）企业年度核查等级均为优秀（含换证年度）；

（二）企业未发生一般及以上等级安全生产责任事故；

（三）企业未发生被主管机关安全生产挂牌督办或约谈；

（四）企业安全生产信用等级评为B级以上；

（五）企业未违反其他安全生产法律法规有关规定；

（六）安全生产标准化建设标准发生变化的，年度核查或有关证据证明其满足相关要求。

第五十条　换证评价及等级证明颁发的流程、范围和方法按照初次评价的有关规定执行。

第三节　年度核查

第五十一条　企业取得安全生产标准化建设等级证明后，有效期内应按年度开展自评，自评时间间隔不超过12个月，自评报告应报颁发等级证明的评价机构核查。

第五十二条　评价机构对企业年度自评报告核查发现以下问题的，可进行现场核查：

（一）自评结论不能满足原有等级要求的；

（二）自评报告内容不全或存在不实，不能真实体现企业安全生产标准化建设实际情况的；

（三）企业生产经营状况发生重大变化的，包括生产经营规模、场所、范围或主要安全管理团队等；

（四）企业未按要求及时向评价机构报告重大安全事故隐患和较大以上安全生产责任事故的；

（五）相关方对企业的安全生产提出举报、投诉；

（六）企业主动申请现场复核。

第五十三条 评价机构应在企业提交年度自评报告15个工作日内完成自评报告年度核查，需进行现场核查的，应在30个工作日内完成。

第五十四条 年度核查结论分为不合格、合格和优秀三个等级评价，并通过管理系统向社会公开。企业安全生产标准化建设运行情况不能持续满足所取得的评价等级要求，或长期存在重大安全事故隐患且未有效整改的评为不合格；基本满足且对不影响评价结论的问题和重大安全事故隐患进行有效整改的评为合格；满足原评价等级所有要求，并建立有效的企业安全生产标准化持续改进工作机制，且运行良好，重大安全事故隐患和问题整改完成的，评为优秀。对于年度核查评为优秀，应由企业在年度自查报告中主动提出申请，经评价机构核查，包括进行现场抽查验证通过后，方可评为优秀。

第五十五条 评价机构对企业的年度核查评价在合格以上的，维持其安全生产标准化建设等级证明有效；年度核查评价不合格或未按要求提交自评报告的，评价机构应通知企业并提出相关整改建议，企业在30日内未经验收完成整改，或仍未提交自评报告，或拒绝评价机构现场复核的，评价机构应撤销并收回企业安全生产标准化建设等级证明，并通过管理系统向社会公告。

第五十六条 已经取得交通运输企业安全生产标准化建设等级证明的企业，在有效期内发现存在重大安全事故隐患或发生较大及以上安全生产责任事故的，应在10个工作日内向颁发等级证明的评价机构报送相关信息，评价机构可视情况开展企业安全生产标准化建设核查工作。

第五十七条 评价机构撤销企业安全生产标准化建设等级证明的，应通过管理系统向管理维护单位备案。

第四节 证明补发和变更

第五十八条 企业安全生产标准化建设等级证明遗失的，可向颁发等级证明的评价机构申请补发。

第五十九条 企业法定代表人、名称、经营地址等变更的，应在变更后30日内，向颁发等级证明的评价机构提供有关证据材料，申请对企业安全生产标准化评价等级证明的变更。

第六十条 评价机构发现申请安全生产标准化建设等

级证明变更的企业的安全生产条件发生重大变化，超出第四十九条情况的，可进行现场核实，核实结果不影响变更证明的，应予以变更，核实认为企业安全生产条件不满足维持原证明等级要求的，原证明应予以撤销并通过管理系统向社会公示。

第六十一条 评价机构应在接受企业提出的证明变更申请后30日内，完成证明变更。

第五章 监督管理

第六十二条 主管机关应加强对管理维护单位、评价机构和评审员的监督管理，建立健全日常监督、投诉举报处理、评价机构和评审员信用评价、违规处理和公示公告等机制，规范交通运输企业安全生产标准化建设评价工作。省级主管机关对日常监督管理工作中发现的一级评价机构存在的违法违规行为应通过管理系统上报。

第六十三条 主管机关应采取"双随机、一公开"的突击检查方式，组织抽查本管辖范围内从事相关业务的评价机构和评审员相关工作。抽查内容应包含：机构备案条件、管理制度、责任体系、评价活动管理、评审员管理、评价案卷、现场评价以及机构能力保持和建设等。

第六十四条 交通运输管理部门应将企业安全生产标准化建设工作情况纳入日常监督管理，通过政府购买服务委托第三方专业化服务机构，对下级管理部门及辖区企业推进企业安全生产标准化建设工作情况进行抽查，抽查情况应向行业通报。

第六十五条 已经取得交通运输企业安全生产标准化评价等级证明的企业，在有效期内发生重大及以上安全生产责任事故，或1年内连续发生2次以上较大安全生产责任事故的，评价机构应对该企业安全生产标准化建设情况进行核查，不满足原等级要求的，应及时撤销其安全生产标准化等级证明。事故等级按照《生产安全事故报告和调查处理条例》(国务院令第493号)和《水上交通事故统计办法》(交通运输部令2014年15号)确定。

第六十六条 负有直接安全生产监督管理职责的交通运输管理部门应对企业安全生产标准化建设评价中发现的重大安全事故隐患及时进行核查，确认后责令企业立即整改，并依法依规追究相应人的责任。

第六十七条 主管机关应建立投诉举报渠道，公布邮箱、电话，接受实名投诉举报。

第六十八条 主管机关接到有关企业安全生产标准化建设评价实名举报或投诉的，经确认举报或投诉事项是属本单位管辖权限，应在60个工作日内完成调查核实处理，并将处理意见向举报人反馈。

第六十九条 投诉举报第一接报主管机关对确认不属本单位管辖权限的,应在5个工作日内告知举报人,并建议其向具有管辖权限的主管机关举报。

第七十条 评审员、评价机构违背承诺,其备案信息经核实存在弄虚作假的,管理维护单位应在3个工作日内将其列入黑名单,并通过管理系统向社会公告。

第七十一条 管理维护单位应对评审员、评价机构发生的违规违纪和违反承诺等失信行为,依据评审员、评价机构信用扣分细则(见附录C)进行记录。

第七十二条 评审员、评价机构信用等级按其扣分情况分为AA、A、B、C、D共5个等级,未扣分的为AA;扣1~2分的为A;扣3~8分的为B;扣9~14分的为C;扣15~19分的为D;信用扣分超过20分(含20分)的列入黑名单。以上信用扣分按近3年扣分累计。

第七十三条 部管理维护单位应通过管理系统,按年度向社会公布管辖范围内一级评价机构、评审员3年内违规行为和信用等级汇总情况,以及评价机构所颁发等级证明的企业及其近5年发生等级以上安全生产事故情况。评审员发生信用扣分的,管理维护单位应告知评审员登记的评价机构。

省级管理维护单位应通过管理系统,按年度向社会公布管辖范围内二、三级评价机构,以及评价机构所颁发等级证明的企业及其近5年发生等级以上安全生产事故情况。

第七十四条 交通运输管理部门应将交通运输企业安全生产标准化建设情况和评价结果纳入企业安全生产信用评价范围,鼓励引导交通运输企业积极开展安全生产标准化建设。

第七十五条 交通运输管理部门应加强对企业安全生产标准化评价结果应用,作为实施分级分类、差异化监管的重要依据;对安全生产标准化未达标或被撤销等级证明的企业应加大执法检查力度,予以重点监管。客运、危险货物经营企业安全生产标准化建设评价及年度核查情况应作为企业经营资质年审和运力更新、新增审批、招投标的安全条件重要参考依据。

第七十六条 主管机关和管理维护单位的工作人员发生失职渎职的,应按规定追究相关责任人责任;评价机构的工作人员和评审员发生弄虚作假、违法违纪行为,依法依规追究相关人员法律责任。

第六章　附　　则

第七十七条 交通运输企业安全生产标准化是指企业通过落实安全生产主体责任,全员全过程参与,建立安全生产各要素构成的企业安全生产管理体系,使生产经营各环节符合安全生产、职业病防治法律、法规和标准规范的要求，人、机、环、管处于受控状态，并持续改进。

第七十八条　交通运输企业安全生产标准化建设评价是指企业安全生产标准化评价机构，依据相关法律法规和企业安全生产标准化建设标准，评价企业安全生产标准化建设情况，对评价过程中发现安全生产的问题，提出整改建议，是促进企业安全生产标准化建设工作的重要方式。

第七十九条　对企业所实施的安全生产标准化建设评价，不解除企业遵守国际、国内有关安全生产法律法规的责任和所承担的企业安全生产主体责任。

第八十条　航运企业已建立安全管理体系并取得符合证明（DOC）的，视同满足企业安全生产标准化二级达标水平。

第八十一条　省际运输企业是指从事省际道路或水路运输的交通运输企业。

第八十二条　自有评审员是指与受聘评价机构签订正式劳动合同，且受聘评价机构已为其连续缴纳1年以上社保的人员。

第八十三条　本办法所称企业是指从事公路、水路交通运输的生产经营单位，包括直接从事生产经营行为的事业单位。

第八十四条　省级主管机关未委托管理维护单位的，本管理办法涉及的相关工作由其承担。

第八十五条　管理系统由交通运输部统一开发，委托管理维护单位负责日常维护。

第八十六条　本办法自发布之日实施，有效期5年。《关于印发交通运输企业安全生产标准化考评管理办法和达标考评指标的通知》（交安监发〔2012〕175号）及《关于印发交通运输企业安全生产标准化相关实施办法的通知》（厅安监字〔2012〕134号）同时废止。

附录 A

评价机构登记备案条件

序号	条　件	要　求			备　注
		一级	二级	三级	
1	固定办公场所面积	不少于 300m²	不少于 200m²	不少于 100m²	需提供房屋产权证明或 1 年以上的租赁合同
2	专职管理人员	不少于 8 人	不少于 5 人	不少于 3 人	需提供人员正式劳务合同(事业单位需提供加盖单位公章的人员在职证明),连续 1 年以上的单位代缴纳的纳税证明和社保缴费证明
3	自有评审员	不少于 30 名本专业自有评审员	不少于 12 名本专业自有评审员	不少于 6 名本专业自有评审员	
4	高级职称人员	不少于 10 人	不少于 3 人	不少于 2 人	高级职称是指国家认可的从事管理、技术、生产、检验和评估评价的高级技术人员,但不含高级经济师、高级政工师等非相关职称
5	工作经验	1. 至少具备 5 年以上从事交通运输相关业务领域咨询服务工作的经验。 2. 至少具备 1 年以上二级评价机构备案经历。 3. 已评价一定数量本专业二级企业	1. 至少具备 3 年以上从事交通运输相关业务领域咨询服务工作的经验。 2. 至少具备 1 年以上三级评价机构备案经历。 3. 已评价一定数量本专业三级企业	至少具备 3 年以上从事交通运输相关业务领域咨询服务工作的经验	评价机构申请备案一级资质需评价二级企业家数(新增专业类型不需要): 道路运输:200 家;水路运输:80 家;港口营运:50 家; 城市客运:100 家;交通工程建设:100 家。 评价机构申请备案二级资质需评价三级企业家数(新增专业类型不需要)由各省主管机关确定

注:上述条件为单个专业类型登记备案条件,本办法实施前已经取得评价机构证书的评价机构备案不受此条件限制;已经完成其他类型评价机构备案,增加评价机构备案类型的,不要求具有下一级评价机构备案及相关要求。二、三级评价机构备案条件为最低要求,各省级主管机关可根据具体情况参照设定相应备案条件。

附录 B

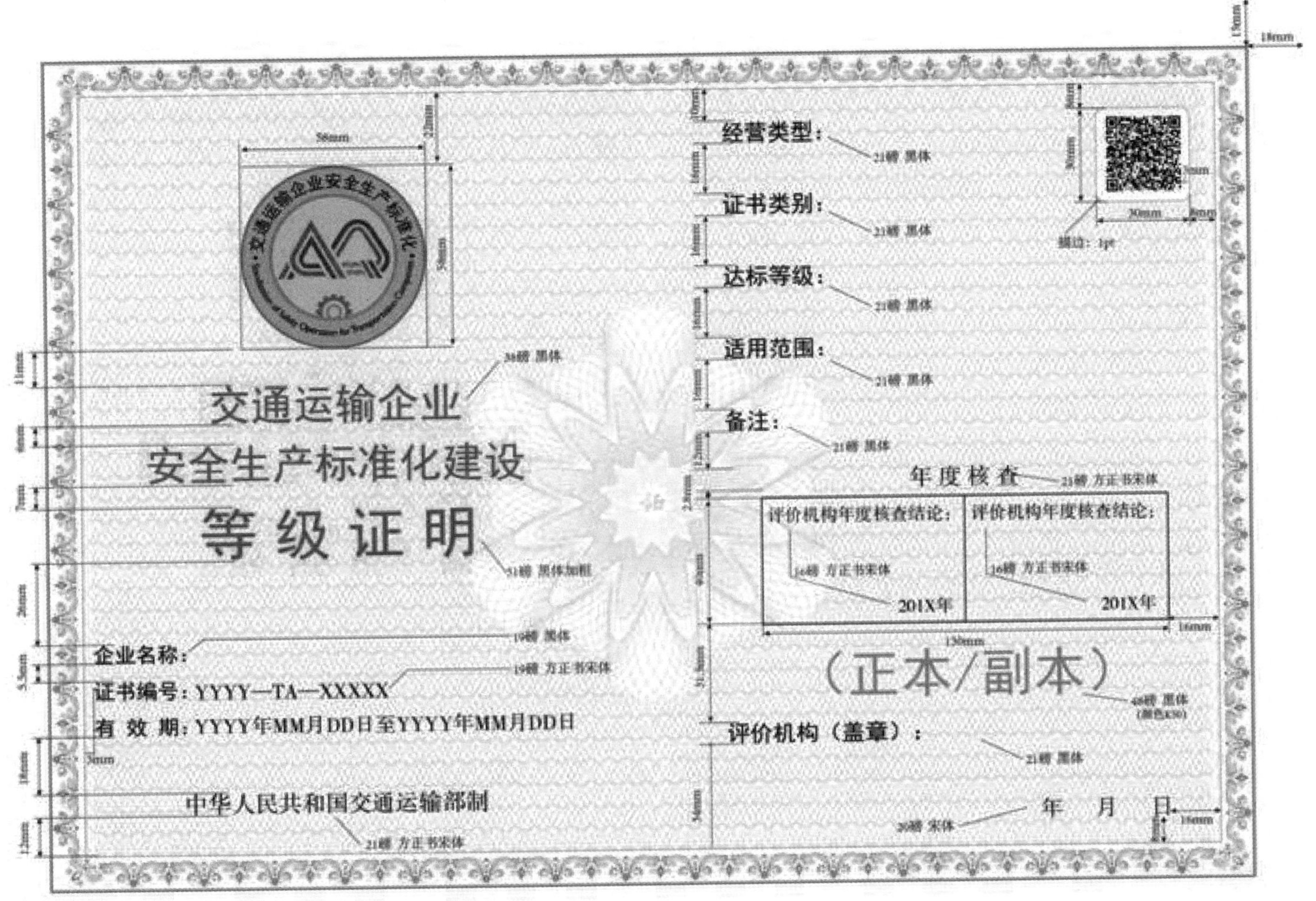

交通运输企业
安全生产标准化建设
等级证明
企业名称：
证书编号：YYYY—TA—XXXXX
有 效 期：YYYY年MM月DD日至YYYY年MM月DD日
中华人民共和国交通运输部制
经营类型：
证书类别：
达标等级：
适用范围：
备注：
年度核查
评价机构年度核查结论：
201X年
评价机构年度核查结论：
201X年
（正本/副本）
评价机构（盖章）：
年 月 日

证明格式及编号说明

1. 等级证明纸张大小为420mm×297mm(A3),带底纹。

2. 证明编号格式为YYYY—TA—XXXXXX。YYYY表示年份;TA表示负责颁发等级证明的评价机构监督管理的省级以上管理维护单位(01表示交通运输部,02表示北京市,03表示天津市,04表示河北省,05表示山西省,06表示内蒙古自治区,07表示辽宁省,08表示吉林省,09表示黑龙江省,10表示上海市,11表示江苏省,12表示浙江省,13表示安徽省,14表示福建省,15表示江西省,16表示山东省,17表示河南省,18表示湖北省,19表示湖南省,20表示广东省,21表示海南省,22表示广西壮族自治区,23表示重庆市,24表示四川省,25表示贵州省,26表示云南省,27表示西藏自治区,28表示陕西省,29表示甘肃省,30表示青海省,31表示宁夏回族自治区,32表示新疆维吾尔自治区,33表示新疆生产建设兵团,34表示长江航务管理局,35表示珠江航务管理局);XXXXXX表示序列号。

3. 经营类别分为道路客运运输、道路危险货物运输、道路普通货物运输、道路货物运输站场、汽车租赁、机动车维修、汽车客运站、水路客运运输、水路普通货物运输、水路危险货物运输、港口客运、港口普通货物营运、港口危险货物营运、城市公共汽车客运、城市轨道交通运输、出租汽车营运、交通运输建筑施工企业、交通工程建设项目、收费高速公路、隧道和桥梁运营等类别。

4. 评价等级分一级、二级、三级3个级别。

5. 评价机构颁发等级证明印章使用圆形封口章,名称统一为“＊＊＊企业安全生产标准化评价专用章”,“＊＊＊”为颁发等级证明的评价机构名称,“达标专用章”封口。

6. 证明电子模板可在管理系统下载。

7. 证明正本1份,副本3份。

附录 C

评审员评价机构信用扣分细则

一、评审员发生下列情形的，信用分值扣 1 分：

（一）管理维护单位对评审员评价能力、评价技巧、抽样或流程符合性提出质疑的；

（二）评审员信息发生变更，未按照规定办理变更手续的；

（三）经核实，评价期间不遵守有关纪律，迟到或提早离场的；

（四）未按评价计划实施现场评价，但不影响评价过程的。

二、评审员发生下列情形的，信用分值扣 2 分：

（一）以个人名义或未经评价机构同意，开展与评价相关活动；

（二）近 3 年内，管理维护单位对评审员评价能力、评价技巧、抽样或流程符合性提出质疑 2 次的评审员；

（三）近 3 年内，评审员参与评价的企业有 20% ~30% 发生一般等级以上安全生产责任事故；

（四）近 3 年内，评审员参与评价的企业发生了 1 起一般安全生产责任事故，且事故调查确定的直接原因在评价时已经存在，但评价中未识别或指出；

（五）未按评价计划实施现场评价，影响评价过程的。

三、评审员发生下列情形的，信用分值扣 5 分：

（一）与申请评价的企业存在利害关系的，未回避的；

（二）近 3 年内管理维护单位对评审员评价能力、评价技巧、抽样或流程符合性提出质疑 3 次及以上的评审员；

（三）非故意泄露企业技术和商业秘密，未造成严重后果的；

（四）近 3 年内，评审员参与评价的企业有 30% ~50% 发生一般等级以上安全生产责任事故；

（五）近 3 年内，评审员参与评价的企业发生了 1 起较大安全生产责任事故，且事故调查确定的直接原因在评价时已经存在，但评价中未识别或指出；

（六）受到主管部门通报批评的。

四、评审员发生下列情形的，信用分值扣 10 分：

（一）评价活动中为第三方或个人谋取利益，但不构成违法的；

（二）未按要求如实反映企业重大安全事故隐患或风险的；

（三）允许他人借用自己的名义从事评价活动的；

（四）近 3 年内，评审员参与评价的企业有 50% 以上发生一般等级以上安全生产责任事故；

（五）近 3 年内，评审员参与评价的企业发生了 1 起重大上安全生产责任事故，且事故调查确定的直接原因在评价时已经存在,但评价中未识别或指出。

五、评审员发生下列情形的,信用分值扣20分:

(一)登记备案条件弄虚作假的;

(二)评价活动中,存在重大违法、违规、违纪行为,构成违法的;

(三)评价活动中为第三方或个人谋取利益,情节特别严重的;

(四)评价工作中弄虚作假的,结果影响评价结论的;

(五)近3年内,评审员参与评价的企业发生了1起特别重大安全生产责任事故,且事故调查确定的直接原因在评价时已经存在,但评价中未识别或指出;

(六)故意泄露企业技术和商业秘密,或泄露企业技术和商业秘密造成严重后果的;

(七)被列入省部级以上黑名单的。

六、评价机构发生下列情形的,信用分值扣1分:

(一)逾期30日未提交年度工作报告;

(二)不按规定程序和要求开展评价活动的;

(三)内部档案管理制度不健全或重要考评记录文件缺失的(每缺失1件扣1分);

(四)未按评价计划实施现场评价,但不影响评价过程的;

(五)允许不具备评价能力人员参与评价活动的;

(六)近3年内,评价机构所评价的企业有20%~30%发生一般等级以上安全生产责任事故。

七、评价机构发生下列情形的,信用分值扣5分:

(一)未按要求如实反映企业重大安全事故隐患或风险的;

(二)未及时向管理维护单位报备评价结果的;

(三)泄露企业技术和商业秘密的,未构成后果的;

(四)评价机构评价结果或年度核查不符合实际情况;

(五)利用评价活动,谋取其他利益的;

(六)近3年内,评价机构所评价的企业有30%~50%发生一般等级以上安全生产责任事故;

(七)近3年内,评价机构所评价的企业发生了1起较大安全生产责任事故,且事故调查确定的直接原因在评价时已经存在,但评价中未识别或指出。

八、评价机构发生下列情形的,信用分值扣10分:

(一)评价工作中隐瞒或应发现而未发现企业重大安全事故隐患或风险;

(二)泄露企业技术和商业秘密的,造成较轻后果的;

(三)分包转包评价工作的;

(四)利用评价活动,强制谋取其他利益的;

(五)评价活动的专业类型不符合本办法要求或超范围评价的;

(六)评价机构或其法定代表人被主管部门通报批评的；

(七)近3年内,评价机构所评价的企业有50%以上发生一般安全生产责任事故；

(八)近3年内,评价机构所评价的企业发生1起重大安全生产责任事故,且事故调查确定的直接原因在评价时已经存在,但评价中未识别或指出。

九、评价机构发生下列情形的,信用分值扣20分：

(一)登记备案条件弄虚作假的；

(二)评价工作中弄虚作假,或应发现而未发现企业重大安全事故隐患或风险,导致隐患未消除或风险未得到有效控制,发生等级以上责任事故的；

(三)采取不正常竞争措施,严重影响市场秩序的；

(四)泄露企业技术和商业秘密的,造成严重后果的；

(五)评价机构相关条件低于首次备案条件,督办整改不合格的；

(六)近3年内,评价机构所评价的企业发生1起特别重大安全生产责任事故,且事故调查确定的直接原因在评价时已经存在,但评价中未识别或指出；

(七)评价机构或其法人被列入省部级以上黑名单的；

(八)按照有关法规、规定,应予以撤销的。

以上信用扣分细则,逐条逐次累计。交通运输部安委会办公室可根据安全生产信用体系建设和企业安全生产标准化建设情况适时调整。